W0090334

Barbara Sommerhoff

Mitarbeiterbeurteilung

Barbara Sommerhoff

Mitarbeiterbeurteilung

**Leistung messen · Mitarbeiter fördern ·
Personal entwickeln**

verlag
moderne industrie

Die Deutsche Bibliothek – CIP-Einheitsaufnahme

Sommerhoff, Barbara:
Mitarbeiterbeurteilung : Leistung messen – Mitarbeiter fördern –
Personal entwickeln / Barbara Sommerhoff. –
Landsberg/Lech : mi, Verl. Moderne Industrie, 1999
  ISBN 3-478-36810-3

© 1999 verlag moderne industrie, 86895 Landsberg/Lech
Internet: http://www.mi-verlag.de

Alle Rechte, insbesondere das Recht der Vervielfältigung und Verbreitung sowie der
Übersetzung, vorbehalten. Kein Teil des Werkes darf in irgendeiner Form (durch Fotokopie,
Mikrofilm oder ein anderes Verfahren) ohne schriftliche Genehmigung des Verlages
reproduziert oder unter Verwendung elektronischer Systeme gespeichert, verarbeitet,
vervielfältigt oder verbreitet werden.
Umschlaggestaltung: Daniela Lang, Stoffen
Satz: abc Media-Services, Buchloe
Druck: Himmer, Augsburg
Bindearbeiten: Thomas, Augsburg
Printed in Germany 360 810/049903
ISBN 3-478-36810-3

Inhaltsverzeichnis

Vorwort

Im vorliegenden Buch geht es um die systematische Leistungs- und Verhaltensbeurteilung am Arbeitsplatz. Systematisch heißt, daß die Beurteilung nach definierten Regeln erfolgt und daß sie regelmäßig – meistens einmal im Jahr – stattfindet. Ziel eines solchen Verfahrens ist, sowohl Defizite wie auch Stärken von Mitarbeitern frühzeitig zu erkennen und daraus Folgerungen abzuleiten. So verstanden ist Mitarbeiterbeurteilung ein Instrument konsequenter Personalführung.

Das Buch wendet sich an unterschiedliche Lesergruppen: An Unternehmensführungen und Personalverantwortliche, die erwägen, ein Beurteilungsverfahren einzuführen. An jene, die bereits ein Beurteilungsverfahren anwenden, dieses aber auf den Prüfstand stellen und sich dafür kritische Anregungen holen wollen. Es wendet sich auch an Mitarbeiter, die sich über verschiedene Formen von Beurteilungsverfahren – inhaltliche Ausrichtung, formale Gestaltung, Verwendung der Ergebnisse – informieren möchten und die daran interessiert sind zu erfahren, welchen Nutzen die systematische Beurteilung ihrer Leistungen für ihre berufliche Laufbahn haben kann.

Das Buch berücksichtigt unterschiedliches Leseverhalten. Es ist so aufgebaut, daß es im Extrem zwei Leserschaften gerecht wird: Der einen, die sich dem Thema systematisch und in allen seinen unterschiedlichen Facetten nähern möchte; der anderen, die sich schnell und daher selektiv über einzelne besonders interessierende Aspekte informieren möchte. Die jeweils kurzen Einleitungen zu Beginn jedes Kapitels fassen zusammen, was im vorangegangenen Kapitel Thema war und weisen darauf hin, was als nächstes folgt.

Kurz zur Intention des Buches: In erster Linie geht es darum, dem Leser Fakten zu vermitteln. Zu zeigen, welche Grundformen von Beurteilungsverfahren es gibt, wie diese Grundformen auf die Bedürfnisse eines Unternehmens und der Mitarbeiter angepaßt werden können und welche Vorgehensweisen sich bei der Entwicklung eines Verfahrens bewährt haben. Wobei – wie kann es anders sein – manche Aspekte des Themas Mitarbeiterbeurteilung in der Fachwelt sehr kontrovers diskutiert werden. Dazu gehört beispielsweise die Frage, ob Mitarbeiter auch ihre Vorgesetzten beurteilen sollen, oder ob das Beurteilungsergebnis als Maßstab für die Gehaltsfindung herangezogen werden darf. Um dem Leser auch hier ein eigenes Urteil zu ermöglichen, werden die prononcierten Meinungen von Experten wiedergegeben. Sie sind als Interviews abgedruckt.

Ein spezieller Hinweis gilt dem fünften Kapitel: Drei Unternehmen haben nicht nur detailliert über ihr Beurteilungsverfahren Auskunft gegeben. Sie haben freundlicherweise auch erlaubt, die Materialien abzudrucken, die sie im Rahmen ihres Beurteilungsverfahrens verwenden. Der Leser findet also Originalformulare von Beurteilungsbögen, Erläuterungen von Bewertungsskalen, Hinweise an die Mitarbeiter, wie das Verfahren angewendet wird und wozu es dient sowie eine Betriebsvereinbarung mit einer durchaus nachahmenswerten Besonderheit. Diese Unterlagen ermöglichen es dem Leser, sich einen Eindruck von konkreten, in der Praxis angewendeten Beurteilungsverfahren zu verschaffen. Und sie liefern darüber hinaus Anregungen für die Gestaltung eigener Unterlagen.

Hamburg, im April 1999

Barbara Sommerhoff

1 Die Ziele einer systematischen Mitarbeiterbeurteilung

Dieses erste Kapitel möchte auf das Thema Mitarbeiterbeurteilung einstimmen. Es zeigt in einer Art *Tour d'horizon*, wozu Mitarbeiterbeurteilung dient: der Steigerung der Effizienz, der Produktivität und damit der Konkurrenzfähigkeit eines Unternehmens. Mitarbeiterbeurteilung, so wie sie hier verstanden wird, ist ein Instrument, um das Personal gezielt zu führen und zu entwickeln. Die konkrete inhaltliche Ausrichtung eines Beurteilungsverfahrens kann höchst verschieden sein. Ein Beurteilungsverfahren kann als Kontrollinstrument dienen. Es kann zur Stärkung der Motivation der Mitarbeiter eingesetzt werden. Es kann als Basis für die Berechnung variabler Leistungszulagen oder Gehaltsanteile genutzt werden. In diesem ersten Kapitel werden diese und andere inhaltliche Ausrichtungen diskutiert. Sie prägen den Charakter eines Beurteilungsverfahrens. Die erste Aufgabe eines Unternehmens, das seine Mitarbeiter systematisch beurteilen will, lautet also: Sich über die konkreten Ziele, die es mit dem Verfahren erreichen will, und über die dafür geeigneten Vorgehensweisen klarzuwerden.

1.1 Den Personalbestand pflegen

Zufriedenheit der Mitarbeiter/Leistungen wahrnehmen/Leistungseinbrüche frühzeitig erkennen/ Ursachenanalyse

„Wie sollen unsere Kunden zufrieden sein,
wenn unsere Mitarbeiter es nicht sind?"
Dr. Norbert Bensel, Vorstand Personal der DaimlerChrysler Services (debis) AG, Berlin

Allen Unkenrufen zum Trotz: Auch deutsche Unternehmen haben längst die Bedeutung des Themas Kundenorientierung erkannt. Autowerkstätten holen den Wagen zur Inspektion ab und stellen ihn frisch gewartet und vollgetankt vor die Haustür. Im Supermarkt werden die eingekauften Lebensmittel eingetütet und auf Wunsch auch nach Hause gefahren. Versicherungsunternehmen werben mit einer Service-Garantie um Kunden und stehen rund um die Uhr für telefonische Auskünfte zur Verfügung – kostenlos, an Wochentagen ebenso wie sonn- und feiertags.

Auch wenn sich noch nicht alle Unternehmen auf gleich hohem Niveau befinden: Keines kommt um einen Ausbau der Kundenorientierung herum. Die Chance, sich ausschließlich über ein Produkt, dessen Eigenschaften und Qualitäten von den Mitbewerbern zu differenzieren, wird immer kleiner. Die Märkte sind zunehmend reine Käufermärkte, d.h., der Käufer hat die Wahl zwischen mehreren um ihn buhlenden Anbietern. Um bestehende Kunden zu halten und neue zu gewinnen, müssen die Anbieter alles daran setzen, ihre Produkte zu verbessern. Und sie einbetten in einen Kranz von für den potentiellen Kunden sichtbaren sogenannten Zusatznutzen. Und die liegen, wenn man einmal das rabiate Preisdumping beiseite läßt, zunehmend in einem umfassenden Service-Angebot.

Beides, dauernde Produktoptimierung und die Erweiterung des Service-Angebots, stellt an Unternehmensführungen wie an Mitarbeiter immer höhere Anforderungen. Und wertet vor allem den Mitarbeiter auf. Noch liegt die Zeit nicht allzuweit zurück, als ein Unternehmen – Stichwort *shareholder value* – durch massiven Personalabbau seinen Marktwert steigern, die Aktienkurse in die Höhe treiben und den Respekt der Konkurrenz gewinnen konnte. Diese Phase ist vorbei. Der Personalbestand wird gepflegt, er muß gepflegt werden. Ziel ist, mit möglichst wenigen Mitarbeitern ein Potential zu schaffen, das dauernde Produktverbesserungen ermöglicht. Und für diese Produkte die bestehenden Kunden hält und neue gewinnt.

Das gelingt – Dr. Bensel hat es mit dem eingangs zitierten Satz bündig formuliert – nur, wenn die erforderlichen Voraussetzungen gegeben sind: Wenn sich der Mitarbeiter mit seiner Arbeit identifiziert. Wenn er entsprechend seinen fachlichen und persönlichen Fähigkeiten richtig eingesetzt wird und wenn er Zufriedenheit aus seiner täglichen Arbeit schöpft. Das gilt für die Beschäftigten in den Dienstleistungsbereichen genauso wie für die im gewerblich-technischen Bereich arbeitenden Menschen.

Daß allerdings ausgerechnet das Instrument der Mitarbeiterbeurteilung dazu beitragen soll, diese Zufriedenheit am Arbeitsplatz zu erhöhen, mag zunächst befremdlich erscheinen. Beurteilung klingt restriktiv, verspricht Kontrolle – was sie ja auch beinhaltet – und scheint damit nicht unbedingt die ideale Voraussetzung für eine erhöhte Zufriedenheit zu sein.

Doch Mitarbeiterbeurteilung – wie sie in dem hier vorliegenden Buch dargestellt wird – ist immer nur Mittel zum Zweck. Sie beschränkt sich nicht darauf, lediglich gute oder schlechte Noten zu verteilen für Leistungen, die ein Mitarbeiter in der Vergangenheit erbracht hat. Sondern die Beurteilung soll als Grundlage für eine gezielte Führung und Entwicklung des Mitarbeiters genutzt werden. Das erfordert Engagement und aktive Beteiligung an der Beurteilung von beiden: Vom

13

Vorgesetzten, der die Leistungen seines Mitarbeiters zunächst einmal bewußt wahrnehmen muß. Und zwar kontinuierlich und nicht nur dann, wenn etwas schief gelaufen ist. Der ihn motivieren, für erfolgreiche Arbeiten loben und bei auftretenden Problemen Hilfe anbieten muß. Der die Leistungen dokumentieren und nach Ablauf einer vereinbarten Frist beurteilen muß. Gemeinsam mit dem Mitarbeiter, der seinerseits selbstkritisch eine Einschätzung seiner Leistungen vornehmen muß. Beide sollten ihre jeweilige Einschätzung oder Beurteilung in dem sogenannten Beurteilungsgespräch offen diskutieren, zu einem Konsens kommen und diesen als Beurteilungsergebnis formal niederlegen. In den meisten Unternehmen kommt die Beurteilung in die Personalakte.

Feedback hat zumindest für die leistungsorientierten Mitarbeiter auch eine motivierende Wirkung. Zwar trifft zu, daß Beurteilung immer auch Kontrolle impliziert. Aber ebenso trifft zu, daß jeder, der leistungsbereit ist, auch ein Interesse daran hat, daß seine Leistung anerkannt wird. Daß die eigene Leistung auch im Vergleich zu der anderer Kollegen wahrgenommen wird. Dieser Vergleich muß sich gar nicht unbedingt im wörtlichen Sinn „auszahlen". Die verbale Anerkennung von Leistung kann motivierender sein als die Prämie am Jahresende. „Wir sind überzeugt davon, daß es für jeden Mitarbeiter enorm motivierend ist zu wissen, an welchen Aufgaben er gemessen wird. Daß er nachvollziehen kann, ob er das mehr oder weniger erfolgreich getan hat", sagt debis-Personalvorstand Dr. Norbert Bensel.

Doch auch für leistungsschwache Mitarbeiter kann die regelmäßige Beurteilung seiner Leistungen hilfreich und motivierend sein. Davon ist die für den Bereich Personal verantwortliche Führungskraft eines internationalen Chemieunternehmens überzeugt. Das Unternehmen wendet Verfahren zur systematischen Mitarbeiterbeurteilung bereits seit über zwei Jahrzehnten an. Wohl jeder von uns kenne doch Phasen, so die Personalverantwortliche, in denen er einfach nicht so leistungsstark ist wie gewohnt. Oder in denen er mit den Kollegen nicht zurechtkommt. Wichtig sei, daß man dann merkt: das Formtief wird von anderen wahrgenommen. Es ist also nicht egal, ob man gut oder schlecht arbeitet. Schon das bloße Wahrgenommenwerden kann nach Ansicht der Managerin die fehlende Motivation wieder aufleben lassen.

Aber abgesehen davon: Ein negatives Beurteilungsergebnis führt dazu (oder sollte doch dazu führen), daß sich Mitarbeiter und Vorgesetzter über die Gründe für das Leistungsdefizit unterhalten. Dieser Dialog sei sozusagen systemimmanent, bestätigt debis-Personalvorstand Dr. Bensel: „Er ist das wichtigste überhaupt bei einem solchen System." Das Gespräch bietet die Chance, gezielt die Ursachen für das Leistungsdefizit zu analysieren und Maßnahmen zu vereinbaren, um sie zu beseitigen. „Möglich, daß sich der Mitarbeiter dauerhaft unter- oder überfordert fühlt mit seinen Aufgaben und deshalb nicht die volle Leistung erbringt. Oder daß er sich in seinem Team deplaziert fühlt. Oder daß sich herausstellt, daß er fachliche Defizite hat, die mittels Schulungen beseitigt werden müssen", erläutert Dr. Bensel.

Wo immer die Gründe für Leistungsdefizite liegen: Um sie beseitigen zu können, müssen sie zunächst einmal wahrgenommen und analysiert werden – und zwar so früh wie möglich.

Systematische Mitarbeiterbeurteilung ist ein Instrument, um Leistungsdefizite frühzeitig zu erkennen, ihre Ursachen zu analysieren und Maßnahmen zu ihrer Beseitigung zu ergreifen. Mitarbeiterbeurteilung ist ein Instrument, um die Effizienz des einzelnen Mitarbeiters wie des gesamten Unternehmens zu steigern. Sie erfordert einen gewissen Aufwand. Und sie muß, um zu funktionieren, auf die Strukturen, die personellen Voraussetzungen und die angestrebten Ziele des Unternehmens sehr genau zugeschnitten sein. Daß sich der Aufwand lohnt, ist für Unternehmensberater wie für eine Vielzahl von Personalchefs unbestritten. Denn, wie Sir John Browne,

CEO von British Petrol, stellvertretend für viele Konzernchefs feststellt: „Mitarbeiter sind unser wichtigstes Potential."

1.2 Kontrolleure kontrollieren

Mißtrauen/Objektivität/Selbstkritik

Mitarbeiterbeurteilung impliziert Kontrolle. Die ist zwar nicht Antrieb, aber prägender Faktor eines systematischen Beurteilungswesens – ein Faktum, das Vorbehalte auslöst bei Mitarbeitern und vor allem bei Betriebsräten. Wer läßt sich schon gern kontrollieren? Kontrolle wird als Zeichen des Mißtrauens verstanden. Oder als Repressionsmittel gefürchtet. Beides sind Gründe dafür, daß Belegschaft und Betriebsrat einem Beurteilungssystem zumindest in der Planungsphase eher ablehnend gegenüberstehen.

Bei allem Verständnis für diese Haltung: Beurteilung findet immer statt, wo Menschen miteinander umgehen. Es liegt in der menschlichen Natur, das, was wahrgenommen wird, einzuschätzen, zu kategorisieren und damit in gewisser Weise zu bewerten. Das trifft in gleichem Maße für den privaten Freundeskreis, die Familie und den Arbeitsplatz zu – und durchaus nicht nur, wenn ein hierfür konzipiertes Beurteilungsverfahren existiert.

So lösen beispielsweise äußeres Erscheinen, Ausdrucksweise, Bewegungen, kurz: eine Fülle von Details, die wir beim Anblick eines Menschen wahrnehmen, Reize aus, aus denen sich der sogenannte erste Eindruck bildet. Dieser Vorgang läuft nicht nur sehr schnell, sondern auch weitgehend unbewußt ab. Wir registrieren, ob unser Gegenüber konservativ oder modern gekleidet ist, ob er entspannt oder angestrengt wirkt, wie seine Stimme klingt und vieles mehr – ohne daß wir nach dem Zusammentreffen über jedes Detail Auskunft geben könnten. Trotzdem haben all diese Eindrücke, die wir abgespeichert haben, ein Bild und damit ein erstes Urteil begründet: Der Mann (oder die Frau) erscheint uns als forsch oder zurückhaltend, schüchtern oder selbstbewußt, intelligent oder dumm, sympathisch oder unsympathisch.

Dieser erste Eindruck ist unweigerlich holzschnittartig. Unter Umständen wird er durch spätere Zusammentreffen differenzierter, mitunter auch korrigiert, und manchmal sogar vollkommen umgestoßen, wenn er sich dann doch als Fehleinschätzung herausgestellt hat.

Fehlschlüsse bei der Beobachtung und Beurteilung von Menschen können auf sogenannten Wahrnehmungsverzerrungen beruhen. Wie sie zustande kommen und worauf sie beruhen können, hat Christof Obermann, verantwortlich für Management-Diagnostik bei der Personalberatung Kienbaum GmbH, in einem Aufsatz zusammengefaßt (Obermann 1993, S. 1 – 17). Im folgenden werden typische Wahrnehmungsverzerrungen kurz referiert. Neben dem jeweiligen Phänomen zeigen die Beispiele auch, daß Beurteilungsfehler kein Zeichen für mangelnde Menschenkenntnis oder gar schlechte Führungsqualität sind, sondern zum menschlichen Normalverhalten gehören. Allerdings können diese Fehlerquellen bewußt gemacht und damit unter Kontrolle gebracht werden.

Beispiel 1 für eine Wahrnehmungsverzerrung: In einem Versuch wurden zwei Gruppen von Managern aufgefordert, Personen zu beurteilen, die ihnen auf einem Foto präsentiert wurden. Diese Personen wurden den Managern entweder als Mitglieder des Managements, oder, im anderen Fall, als Mitglieder einer Gewerkschaft dargestellt. Das Ergebnis: Die Manager beurteilten diejenigen Personen, die ihnen zuvor als dem Management zugehörig bezeichnet worden waren, bedeutend positiver als die Personen, die angeblich Mitglieder der Gewerkschaft waren, führt Obermann aus (Obermann 1993, S. 6).

Das Phänomen, das dem zugrunde liegt, heißt *Stereotypenbildung.* Ein bei Beurteilungen durchaus typischer Fehler: Ein

Mensch wird aufgrund eines einzigen Merkmals – in diesem Beispiel aufgrund des Merkmals „Mitglied des Managements" oder „Mitglied der Gewerkschaft" – typisiert. Da den Managern ihre eigene Kaste sympathischer ist als die der Gewerkschaft, fällt das Urteil über die auf dem Foto abgebildeten Menschen entsprechend aus: positiv für diejenigen, die als dem Management zugehörig bezeichnet worden waren; negativ für die angeblichen Mitglieder der „Gegenseite".

Allgemein formuliert bedeutet also Stereotypenbildung den „Irrtum, daß man Menschen auf der Grundlage eines einzigen Merkmals [...] einer danach gebildeten Kategorie zuordnet, über die man sich ein generelles Bild gemacht hat", faßt Obermann zusammen (Obermann 1993, S. 6).

Stereotypenbildungen gehören – mehr oder weniger ausgeprägt – zum Verhaltensrepertoire eines jeden Menschen. Im Alltag bleibt es für gewöhnlich dem Zufall überlassen, ob durch spätere Situationen das Stereotyp überprüft und gegebenenfalls korrigiert wird. Bei der Mitarbeiterbeurteilung müssen solche Korrekturmöglichkeiten dagegen bewußt eingebaut werden, da Fehlbeurteilungen negative Konsequenzen für die weitere Karriere des Mitarbeiters haben können (und damit übrigens auch Nachteile für das Unternehmen). Außerdem konterkarieren sie das eigentliche Ziel der Beurteilung: zu einer erhöhten Leistungsbereitschaft zu motivieren. Systematische Mitarbeiterbeurteilung sollte entsprechende Schulungen für Führungskräfte vorsehen.

Beispiel 2 einer Wahrnehmungsverzerrung: Der sogenannte *Haloeffekt.* Er besagt, daß ein Mensch aufgrund eines besonders hervorstechenden Merkmals beurteilt wird, weil dieses Merkmal alle anderen „überstrahlt". Solche Merkmale können sich auf rhetorische Fähigkeiten eines Menschen beziehen, auf sein äußeres Erscheinungsbild oder auf sein Alter oder sein Geschlecht. Obermann nennt in seinem Aufsatz als Beispiel den Umstand, daß ein Mensch eine Brille trägt. Brillenträger gelten als intelligenter als Menschen ohne

Brille, so Obermann. Ebenso genössen attraktive Menschen eher das Image, soziale Eigenschaften wie beispielsweise Hilfsbereitschaft zu besitzen als solche, die weniger attraktiv erscheinen (Obermann 1993, S. 7).

Beispiel 3 einer Wahrnehmungsverzerrung: Angenommen, Sie müssen eine Stelle neu besetzen und haben nacheinander mit verschiedenen Bewerbern Gespräche zu führen. Dann, so Obermann, „setzt [...] der erste Bewerber den Maßstab für die folgenden Bewerber" (Obermann 1993, S. 7). Obermann spricht hier von einem *Primary-Effekt.* Niemand beurteile Personen nach absoluten Maßstäben; das, was wir von einer Person wahrnehmen, setzen wir vielmehr in Beziehung zu dem, was wir von anderen Personen wahrgenommen haben: wir vergleichen. Wenn also die Bewerbungsrunde mit einem schwachen Kandidaten startet, wird der zweite deutlich besser eingestuft, als wenn mit einem herausragenden Kandidaten begonnen worden wäre.

Aber nicht nur die verschiedenen Kandidaten werden in Beziehung zueinander gesetzt, auch die Äußerungen eines einzelnen Bewerbers können unterschiedlich bewertet werden. Und zwar abhängig davon, zu welchem Zeitpunkt innerhalb eines Gesprächs sie gemacht wurden. Die Information eines Stellenbewerbers beispielsweise, daß ihm von seinem vorherigen Arbeitgeber gekündigt worden sei, wird positiver aufgenommen, wenn er zuvor einen guten Eindruck vermittelt hat. Wir neigen dann, so Obermann, eher dazu, die Ursachen für die Kündigung in seiner Umwelt zu suchen (er hatte eben Pech gehabt, oder das Klima im Unternehmen war schlecht). Ganz anders unser Urteil, wenn wir diese Information zu Beginn des Gesprächs erhalten. Dann kann sie dazu führen, die Kündigung „weniger in der Umwelt als in der Person des Bewerbers selbst ursächlich bedingt zu sehen (Hat sich ungeschickt verhalten, Hinweis auf fehlende Leistungsmotivation)" (Obermann 1993, S. 7).

Die drei genannten Beispiele zeigen: Beurteilungen kommen niemals vollkommen objektiv, das heißt losgelöst von dem individuellen Beurteiler zustande. Sie folgen teilweise unbewußten Prozessen. Sie werden beeinflußt von der Gesamtsituation. Das Ziel einer mit System betriebenen Beurteilung in einem Unternehmen muß daher unter anderem auch darin bestehen, solche Fehler bei der Einschätzung möglichst zu vermeiden und damit eine einigermaßen zuverlässige Aussage über das „Mitarbeiterpotential" zu erhalten. In dieser Hinsicht erfüllt ein Beurteilungssystem auch den Zweck, die „Kontrolleure" zu kontrollieren: Vorgesetzte beurteilen und bewerten ihre Mitarbeiter in jedem Fall, ob sie dazu ein System an die Hand bekommen oder nicht. Doch ein systematisiertes Verfahren gibt ihnen verbindliche Regeln an die Hand. Sie besagen nicht nur, welche Merkmale herangezogen werden und nach welchen Kriterien beurteilt wird, sondern auch, welche Fehler dabei unterlaufen können und wie sie zu vermeiden sind.

Das Ergebnis der Beurteilung sollte übrigens unbedingt dem Mitarbeiter mitgeteilt werden. Nicht nur das: Es sollte mit ihm abgestimmt werden. Das bedeutet, daß Vorgesetzter und Mitarbeiter über die Beurteilung diskutieren müssen, um zu einem von beiden Seiten akzeptierten Ergebnis zu kommen. Auch das trägt zur Objektivierung bei: Ein Vorgesetzter, der weiß, daß der Beurteilte mit ihm über seine Beurteilung durchaus kontrovers diskutieren kann, überlegt sich schon deshalb sehr genau, ob seine Einschätzungen auch ausreichend fundiert sind.

1.3 Individualität statt Willkür

Nasenfaktor/Gerechtigkeit/Differenzierung

„Die Führungsmannschaft eines Unternehmens muß ein vitales Interesse daran haben, faule Äpfel schnellstmöglich auszusondern. "

Ruedy Baarfuss, Managing Partner MZSG Management Zentrum St. Gallen

Beurteilt wird immer, egal, ob es dafür ein System gibt oder nicht. Das war im vorangegangenen Abschnitt dargestellt worden. Aber wenn schon Beurteilung, dann sollte sie zumindest gerecht sein – schließlich kann sie erhebliche Konsequenzen für Gehalt und Karriere des Beurteilten haben. Doch was heißt schon „gerecht" im Zusammenhang mit einer Beurteilung? War das knappe „ausreichend", das unserem Aufsatz damals in der Schule attestiert wurde, wirklich das Ergebnis eines objektiven Leistungsvergleichs? Oder spielte nicht doch ein ganz klein wenig die persönliche Vorliebe des Lehrers mit hinein? Oder mochte er womöglich unsere Nase nicht?

Eine Beurteilung, die festgelegten Regeln folgt, hat auch das Ziel, das Gefühl der Ohnmacht, den Eindruck, dem Beurteiler ausgeliefert zu sein, zu verringern. Das Beurteilungssystem soll den die Frustration schürenden „Nasenfaktor" wenigstens relativieren (wenn man ihn denn schon nicht ganz ausschließen kann). Der Zwang, die Beurteilung zu begründen, unter Umständen auch zu verteidigen, führt auf beiden Seiten dazu, sich kritisch mit den Erwartungen und den Leistungen auseinanderzusetzen. Damit wird die Gefahr zumindest verringert, daß Selbsteinschätzung (des Mitarbeiters) und Fremdeinschätzung (die des Vorgesetzten über seinen Mitarbeiter) unreflektiert gehegt und gepflegt werden, auch wenn sie völlig entgegengesetzter Natur sind. Dazu ein Beispiel: Der Referatsleiter einer Organisation, die sich mit dem Sammeln von Spenden befaßt, ist seit längerem unzufrieden mit einem seiner Mitarbeiter. Seiner Einschätzung nach ist dieser Mitarbeiter wenig inspiriert, entwickelt kaum Eigeninitiative und betreut die der Organisation wohlwollend verbundenen Förderer nur unzureichend. Eines Tages bittet dieser Mitarbeiter um ein Gespräch bei seinem Abteilungsleiter. Der, in der Annahme, daß der Mitarbeiter über persönliche Probleme oder sonstige Gründe für sein Leistungstief berichten wird, sieht dem Gespräch erwartungsvoll entgegen. Und ist dann einigermaßen perplex, als der Mitarbeiter das Gespräch mit der Bitte um eine Gehaltserhöhung, mindestens aber eine einmalige Prämie, beginnt. Seine Arbeitsleistung, so die Selbsteinschätzung, liege doch wohl über dem Durchschnitt der Abteilung. Die Überraschung des Vorgesetzten schlägt ziemlich schnell in Ärger um, der als Auslöser dient, um dem Mitarbeiter endlich einmal zu sagen, wie er ihn einschätzt. Und zwar schon seit langem. Einzelbeispiele von vermeintlichem oder tatsächlichem Fehlverhalten werden genannt. Der Mitarbeiter sieht sich in der unangenehmen Situation, sich an diese konkreten Vorfälle erinnern zu müssen und sie aus seiner Warte dar- bzw., wie er meint, richtigstellen zu müssen. Eine kabarettreife Situation nach dem Motto: Was ich dir schon immer mal sagen wollte. Ganz und gar keine Situation, in der ein konstruktiver Dialog möglich wäre.

Natürlich muß jeder Vorgesetzte, muß jede Unternehmensleitung ein Interesse daran haben, „faule Äpfel" auszusondern, wie es der Managementexperte Ruedy Baarfuss in dem eingangs zitierten Satz ziemlich drastisch formuliert hat. Faule, demotivierte oder inkompetente Mitarbeiter sind teuer und gefährden überdies auch die Arbeitsplätze anderer. Deshalb lautet die Kernfrage, wer tatsächlich solch ein „fauler Apfel" ist und wer womöglich nur am falschen Platz eingesetzt wurde, über- oder unterfordert ist oder aus anderen – revidierbaren – Gründen nicht die volle Leistungsfähigkeit entwickeln kann. Das herauszufinden, ist eine der Aufgaben von Führungskräften. Die systematische Mitarbeiterbeurteilung zielt darauf ab, diese Analyse möglichst differenziert und befreit von persönlichen Sympathien oder Antipathien zu vollziehen. Dies kann durch ein verbindliches Regelwerk, durch das Offenlegen der Beurteilungskriterien, durch die Diskussion über das Ergebnis der Beurteilung gewährleistet werden.

Mit der systematischen Mitarbeiterbeurteilung wird ein weiteres Ziel verfolgt: die Differenzierung der Mitarbeiterschaft. Jedes Unternehmen ist ein Mikrokosmos: Es gibt eine kleine Gruppe von schwachen Mitarbeitern, eine kleine Gruppe von Topleuten und dazwischen die große Masse derer, die annähernd gleiche Leistungspotentiale aufweisen, also den Durchschnitt bilden. Jedes Unternehmen, das wettbewerbsfähig bleiben will, muß sein Personal so effektiv wie möglich einsetzen. Dazu muß es das Leistungspotential so gezielt wie möglich ausnutzen. Das heißt, daß mit jedem Mitarbeiter das Maximum an Leistung erreicht werden muß, das möglich ist.

Das funktioniert nur, wenn die Potentiale des Mitarbeiters einigermaßen zuverlässig eingeschätzt werden. Und zwar zunächst im Rahmen der Normalverteilung, also auf Basis der Frage, zu welcher der drei Gruppen (Topleute, Durchschnitt oder Leistungsschwache) er gehört. Und wo er innerhalb der jeweiligen Gruppe einzuordnen ist. Diese Differenzierung ermöglicht dann die gezielte individuelle Förderung je nach vorhandenen Ressourcen. Und sie verhindert, daß sich einzelne Mitarbeiter innerhalb ihrer Gruppe verstecken. Das gilt vor allem für die große Gruppe des Mittelmaßes. Auch hier gibt es Leute am unteren und oberen Rand. Solche, die das System „minimaler Aufwand/maximaler Ertrag" perfektionieren und meinen, daß jeder, der mehr tut, als unbedingt notwendig, selbst schuld ist. Und solche, die bei etwas mehr Beachtung und gezielter Förderung wesentlich leistungsstärker sein könnten.

Differenzierung hat auch immer etwas mit Ausgrenzung zu tun. Doch das heißt nicht, daß die Belegschaft sie deshalb ablehnt. Im Gegenteil: Eine als gerecht empfundene Differenzierung motiviert sehr viel stärker als die möglicherweise freundliche, aber ungerechte Art des Gleichmachens.

1.4 Konkurrenzlos: Interne Kommunikation

Konfliktbereitschaft/Anonymität versus Offenheit/Kritik in beide Richtungen

„Offensichtlich ist nichts so schwer, wie jemandem Auge in Auge kritische, für ihn persönlich unerfreuliche oder auch nur den eigenen Erwartungen nicht entsprechende Wahrheiten zu sagen."

Dr. Werner Opgenoorth, Personalvorstand Beiersdorf AG

Systematische Mitarbeiterbeurteilung ist relativ zeitaufwendig. Sie stößt – vor allem in der Planungs- und Einführungsphase – selten auf die ungeteilte Zustimmung der Belegschaft. Sie erfordert die Schulung von Führungskräften. Und womöglich benötigt das Unternehmen für die Entwicklung einer systematischen Mitarbeiterbeurteilung auch noch externe Berater. Was veranlaßt Unternehmen, einen solchen Aufwand zu betreiben?

In den meisten Fällen, so Unternehmensberater Dr. Thomas Kleine, handele es sich um Unternehmen, die in der Mitarbeiterbeurteilung ein Instrument sehen, um die interne Kommunikation in Schwung zu halten. Oder um solche Unternehmen, die im Bereich der internen Kommunikation Defizite erkannt haben und mit Hilfe der systematischen Mitarbeiterbeurteilung gegensteuern wollen. Verkrustete Strukturen sollen aufgebrochen, der Dialog zwischen den Hierarchieebenen soll verbessert und die Kommunikation zwischen Unternehmensleitung und Belegschaft gefördert werden. Gewünscht wird die offene Auseinandersetzung über Ziele und Leistungen statt anonyme Mäkelei und innere Kündigung.

Diese Ziele lassen sich mit einer systematischen Mitarbeiterbeurteilung durchaus erreichen, vorausgesetzt, das Verfahren beschränkt sich nicht auf das Erfassen und Bewerten der erbrachten Leistungen, sondern nutzt diese Daten als Basis für eine Diskussion zwischen Führungskraft und Mitarbeitern. In den sogenannten Beurteilungsgesprächen diskutiert der direkte Vorgesetzte mit dem Mitarbeiter über dessen Leistungen, beide analysieren vorhandene Defizite und vereinbaren Maßnahmen, mit denen diese verringert oder beseitigt werden können. Es liegt auf der Hand, daß solche Gespräche von beiden Teilnehmern die Bereitschaft zur Auseinandersetzung, möglicherweise auch ein hohes Maß an Konfliktfähigkeit erfordern. Der Mitarbeiter soll konstruktiv darauf reagieren, daß ihm sein Vorgesetzter eventuell Unangenehmes mitteilt. Der Vorgesetzte muß in der Lage sein, diese unangenehmen Dinge im direkten Gespräch offen zu artikulieren. Die Erkenntnis von Beiersdorf-Personalvorstand Dr. Werner Opgenoorth, daß offenbar nichts so schwer sei, wie jemandem Auge in Auge kritische, für ihn unerfreuliche oder unerwartete Wahrheiten zu sagen, dürfte jeder schon selbst gewonnen haben. Im Zusammenhang mit Führungskräften verbindet Opgenoorth das mit einer harschen Kritik: „Viele Vorgesetzte haben dafür leider nicht die notwendige sprachliche Fertigkeit. Viele sind auch nicht imstande, sich in die Befindlichkeit ihres Gegenübers hineinzufühlen, um das ohne Verletzungen zu ermöglichen." Das Ergebnis ist eine mehr oder weniger geschickte Vermeidungsstrategie. Die wird von den Mitarbeitern durchaus registriert, wie eine Befragung von Mitarbeitern, die regelmäßig Beurteilungsgespräche führen müssen, deutlich macht. 70 Prozent dieser befragten Mitarbeiter gaben

25

an, daß bei den Beurteilungsgesprächen wenig herauskomme. Eine typische Äußerung aus der Umfrage: „Entweder, mein Chef hält eine Stunde lang einen Monolog und sagt dann, hier, unterschreib da mal; oder er lobt mich über den grünen Klee, damit er schnell davonkommt."

Offenheit, Konfliktbereitschaft und eine funktionierende Kommunikation zwischen den Hierarchieebenen sind nicht nur Ziele, sondern auch Voraussetzung für eine systematische Mitarbeiterbeurteilung. Das ist nicht unbedingt ein Widerspruch. Es kann allerdings bedeuten, daß in Unternehmen, in denen die interne Kommunikation praktisch nicht stattfindet, zunächst Kommunikationstrainings angeboten werden sollten. Allein mit dem Instrument der Mitarbeiterbeurteilung kann eine völlig verkrustete Unternehmensstruktur nicht aufgebrochen werden. Nachdem durch solche Trainings der Grundstein für eine interne Kommunikation gelegt worden ist, dient das Instrument der systematischen Mitarbeiterbeurteilung dann dazu, diese Kommunikation zu einem festen Bestandteil der Unternehmenskultur werden zu lassen.

Solche Kommunikationstrainings sind nach Einschätzung von Personalberatern vor allem für das mittlere Management wichtig. Denn das habe sich, so Unternehmensberater Dr. Thomas Kleine, in den vergangenen, von Arbeitsplatzabbau geprägten Jahren als allzu angepaßt und besonders ängstlich gezeigt. Dagegen strebe die oberste Führungsebene der meisten Unternehmen eine größere Offenheit an, wolle mehr Diskussionen auf allen Ebenen und befürworte diese auch hierarchieübergreifend.

Sicher ist, daß die mit der Mitarbeiterbeurteilung verbundenen Ziele wie Offenheit, Transparenz und Verbesserung der internen Kommunikation nur dann erreicht werden, wenn sie von möglichst vielen Mitarbeitern eines Unternehmens auf möglichst allen Ebenen mitgetragen werden. Diejenigen, die das Plazet für die Einführung eines Beurteilungsverfahrens geben, müssen wissen, was sie bei ihren Führungskräften auslösen. „Die zweite und dritte Führungsebene ist in den meisten Unternehmen die heikle, die mit dem größten Beharrungsvermögen. Sie werden von oben getreten, und von unten wird gemeckert, ohne daß wirkliche Kommunikation stattfindet", sagt Dr. Kleine. Die beinahe zwangsläufige Folge sei Dichtmachen und Rückzug auf die Hierarchie. Richtig spannend werde es, so Dr. Kleine, wenn in dieser Konstellation dann ein Beurteilungssystem eingerichtet wird, bei dem nicht nur der Vorgesetzte den Mitarbeiter beurteilt, sondern auch umgekehrt der Mitarbeiter seinen Vorgesetzten.

Diese Umkehr der gewohnten Beurteilungsrichtung wird, zumindest in Deutschland, noch von relativ wenigen Unternehmen praktiziert. Noch überwiegen hier die Vorbehalte gegen eine sogenannte Vorgesetztenbeurteilung: Etwa die Sorge, daß sich Mitarbeiter überfordert fühlen, wenn sie ihren Chef beurteilen sollen. Daß sie negative Sanktionen zumindest unterstellen und deshalb nicht bereit seien, offen zu sprechen. Oder daß die Führungskraft es als Zumutung empfindet, sich von Untergebenen beurteilen lassen zu müssen. Unternehmensberater sehen die strikte Ablehnung der „Vorgesetztenbeurteilung" als Beleg dafür, daß vielfach noch ein recht antiquiertes Verständnis von Mitarbeiterführung vorherrscht: „Viele Führungskräfte sind immer noch der Meinung, das ganze Leben bestehe aus einer Topdown-Führung, weil sie kein Zutrauen zu ihren Mitarbeitern haben. Letztlich ist das eine Frage des Menschenbildes", so Dr. Thomas Kleine.

Fraglich ist, ob dieses Menschenbild, dieses Verständnis von Mitarbeiterführung verändert wird, indem – quasi von ganz oben verordnet – den Mitarbeitern gestattet wird, ihren Chef zu beurteilen. Wahrscheinlicher ist, daß, wie Dr. Opgenoorth vermutet, durch dieses Hauruck-Verfahren die Widerstände gegen eine neue Form der Mitarbeiterführung eher noch verstärkt werden. In seinem Unternehmen sei man durchaus nicht dagegen, daß sich Mitarbeiter über ihren

Vorgesetzten kritisch äußern. Im Gegenteil, das werde sogar ausdrücklich gewünscht. Allerdings nenne man das bei Beiersdorf nicht „Vorgesetztenbeurteilung", sondern „Feedback", was nicht nur freundlicher klingt, sondern auch etwas anderes bedeutet: Während die Mitarbeiterbeurteilung dazu diene, jeden Mitarbeiter offen und ehrlich über seine Stärken und Schwächen aufzuklären und ihm die weiteren beruflichen Chancen im Unternehmen aufzuzeigen, ziele das Feedback, das der Vorgesetzte von seinen Mitarbeitern bekommt, darauf ab, ihm die Qualität seiner Führungsmaßnahmen zu signalisieren: Ob beispielsweise seine Intentionen ankommen, ob er sich den Mitarbeitern gegenüber verständlich und klar genug ausdrückt, ob er also richtig verstanden wird. Und ob seine Anweisungen als konstruktiv für den Arbeitsablauf empfunden werden, ob er eine gute Informationspolitik betreibt etc.

Dabei darf man sich nichts vormachen: auch wenn ein solches Gespräch Feedback genannt wird, so enthält es natürlich doch die Aufforderung zur Kritk am Vorgesetzten. Der Mitarbeiter, der unzufrieden mit seinem Vorgesetzten ist, muß einen Weg finden, ihm dies mitzuteilen. Um den Mitarbeiter vor Sanktionen zu schützen, werden die Beurteilungs- oder Feedbackverfahren in vielen Unternehmen anonym durchgeführt. Beispielsweise geben die Mitglieder einer Arbeitsgruppe oder eines Teams ihre jeweilige Beurteilung über den Teamchef an die Personalabteilung oder einen externen Berater. Dieser wertet sie aus und teilt dem Teamchef das Ergebnis mit. Der muß sich anschließend mit der Gruppe über dieses Ergebnis und mögliche Konsequenzen auseinandersetzen. Das Gespräch kann – zumindest in der Anfangsphase – von einem externen Berater moderiert werden. Auf diese Weise soll vermieden werden, daß das Gespräch in Floskeln, Freundlichkeit oder Phrasen erstickt; andererseits soll gewährleistet sein, daß es sachlich und in korrektem Ton abläuft.

Auf Dauer sei anonyme Kritik aber kein Fundament, auf dem man bauen könne, gibt debis-Personalvorstand Dr. Norbert Bensel zu bedenken. „Wir müssen es hinkriegen, daß Mitarbeiter den Mut haben, Dinge, die ihnen nicht passen, offen auszusprechen. Und die Vorgesetzten müssen lernen, damit umzugehen." Die systematische Beurteilung von Mitarbeitern – ggf. auch von Führungskräften – soll ja dazu dienen, ein offenes Klima im Unternehmen herzustellen und Kritikfähigkeit auf allen Seiten zu schaffen.

1.5   Lohn für Leistung

Prämien und variable Vergütung/Ellenbogenmentalität/ Macht/Ziele

Das Potential der Mitarbeiter optimal ausschöpfen, um die Effizienz des gesamten Unternehmens zu steigern: das ist das übergeordnete Ziel der systematischen Mitarbeiterbeurteilung. Eine Auswahl der Mittel, mit denen es erreicht werden kann, wurde in den vorangegangenen Abschnitten grob skizziert: Beispielsweise können Leistungskontrollen eingeführt, der regelmäßige Austausch über Arbeitsergebnisse kann verbessert oder gezielte Qualifizierungsmaßnahmen können angeboten werden.

Ein weiteres Mittel zur Steigerung der Effizienz ist die Verknüpfung von individueller Leistung und Entgelt. Das ist beispielsweise beim Akkordlohn der Fall. Solche Verknüpfungen finden aber auch bei sogenannten Incentives statt. Das sind Wettkämpfe innerhalb einer Abteilung oder eines Unternehmens, bei denen Leistungen eines einzelnen oder eines Teams gemessen und mit einer Punktzahl belegt werden. Die Höhe der erzielten Punkte bestimmt dann die Leistungsprämie des Mitarbeiters oder des Teams.

Der Nachteil dieser Wettkämpfe: Es handelt sich fast ausschließlich um quantifizierbare Ziele, die erreicht werden müssen, um in den Genuß der Prämie zu gelangen. Wer hat die meisten Glühbirnen verkauft, die meisten Versicherungsverträge abgeschlossen oder den höchsten Umsatz erzielt? Für die Ermittlung qualitativer Ziele wie Service-Orientierung, Team- oder Kommunikationsfähigkeit fehlt ein geeignetes Meß- und Vergleichsverfahren. Ein weiterer Nachteil: Die motivierende Wirkung dieser Wettkämpfe nutzt sich im Laufe der Jahre ab. Die Mitarbeiter erwarten die Zahlungen der zusätzlichen Prämien so selbstverständlich wie die Überweisung des Gehalts. Wird dann doch einmal eine über mehrere Jahre gewährte Prämie nicht mehr gezahlt oder auch nur gekürzt – etwa, weil es dem gesamten Unternehmen schlecht geht –, so ist der Effekt destruktiv: Der Mitarbeiter fühlt sich um ihm vermeintlich zustehendes Geld (oder Sachleistungen) betrogen und reagiert womöglich mit einem reduzierten Engagement.

Und schließlich noch ein weiteres Argument gegen solche Wettkämpfe: Sie sind ausschließlich darauf ausgerichtet, für gute oder sehr gute Leistungen zusätzliche Prämien zu zahlen, nicht aber, um bei Leistungsdefiziten auch finanzielle Kürzungen vorzunehmen.

Anders sieht das aus, wenn das Gehalt – oder ein Teil davon – zur Variablen erklärt wird, deren Höhe von der individuellen Leistung des Mitarbeiters abhängt. Ein solcher Trend zu leistungsbezogenem Lohn ist sowohl bei Unternehmen in den USA als auch in Europa festzustellen. Selbst im Fernen Osten, wo immerhin bis zur Mitte der 90er Jahre leistungsbezogene Löhne völlig unüblich waren, folgen immer mehr Unternehmen dieser Entwicklung. Nach Angaben des japanischen Arbeitgeberverbandes zahlte Ende 1998 immerhin schon ein Drittel der japanischen Unternehmen leistungsbezogene Löhne – das Gros von ihnen hat damit erst 1996 begonnen. Dabei handelt es sich nicht, wie man vielleicht vermuten könnte, überwiegend um Produktionsbetriebe, wo eine quantitative Leistungsmessung – nach Stückzahlen, nach Dauer der Maschinenlaufzeiten etc. – eine leicht handhabbare Basis für

Leistungslohn darstellt. Es sind im Gegenteil vor allem sehr forschungsintensive Unternehmen, die auf Leistungslohn umstellen. Offenbar setzen gerade sie auf die starke Motivationskraft von leistungsbezogenen Entgeltsystemen und begreifen diese als Instrument, um in hart umkämpften Märkten bestehen zu können.

Als erstes deutsches Unternehmen hat das Dienstleistungsunternehmen debis 1998 für die Hälfte seiner Mitarbeiter einen Ergänzungstarifvertrag abgeschlossen, der festlegt, daß das bisherige Jahreszielgehalt aufgeteilt wird in einen festen und einen variablen Anteil. Die Höhe des variablen Anteils hängt von der individuellen Leistung des Mitarbeiters und dem Unternehmensergebnis ab. Er wird für einen definierten Zeitraum – beispielsweise für jedes abgelaufene Jahr – neu errechnet und zwar auf der Basis einer individuellen Leistungsbeurteilung. Je nach Position, die der Mitarbeiter im Unternehmen einnimmt, können außerdem Team- und Unternehmensergebnis die Höhe des variablen Gehaltsanteils beeinflussen. Mit der Verknüpfung von Unternehmenserfolg und flexiblem Gehaltsanteil soll eine stärkere Identifikation des einzelnen Mitarbeiters mit dem Gesamtunternehmen erreicht werden: Geht es dem Unternehmen gut, profitiert auch der einzelne Mitarbeiter ganz direkt davon. Geht es dem Unternehmen schlecht, spürt er auch das unmittelbar im Portemonnaie. Ebenso direkt soll der individuelle Erfolg – oder Mißerfolg – des Mitarbeiters an der Höhe des Gehalts ablesbar sein.

Die – unter Experten heftig diskutierte – Frage lautet, ob bzw. in welcher Weise Mitarbeiterbeurteilung dazu genutzt werden sollte, variable Gehaltsanteile festzulegen.

1.5.1 Was spricht gegen eine Verknüpfung von Beurteilung und Entgelt?

■ Absolute Objektivität und Gerechtigkeit gibt es nicht: Stellt sich schon bei der Leistungsbeurteilung an sich die Frage nach der Gerechtigkeit, so gewinnt diese Frage für jeden Mitarbeiter eine naturgemäß gesteigerte Bedeutung, wenn es ums Geld geht, wenn vom Beurteilungsergebnis die Höhe seines Gehalts – oder eines Teils davon – abgeleitet wird. Nur ein als wirklich gerecht empfundenes Beurteilungsverfahren wird die erwünschte Wirkung erzielen und zu mehr Leistung motivieren. Die Schwierigkeit jedoch, gerade bei den sogenannten weichen Leistungs- und Verhaltensmerkmalen wie beispielsweise Kreativität, Belastbarkeit, Teamfähigkeit, Freundlichkeit etc. Übereinstimmung zwischen Beurteiler und Beurteiltem herzustellen, sollte nicht unterschätzt werden. Zwar gibt es Verfahren, die durch eine Standardisierung von Leistungskriterien und Bewertungsschemata versuchen, diese Objektivität zu gewährleisten. Bei diesen sogenannten merkmalsorientierten Verfahren werden alle Mitarbeiter einheitlich nach festgelegten Kriterien beurteilt (näheres dazu im zweiten Kapitel). Doch Kritiker solcher Verfahren weisen darauf hin, daß damit lediglich eine Scheinobjektivität erreicht werde. Trotz aller Schematisierung von Leistungen und Beurteilungsverfahren könne der subjektive Faktor, der durch den Beurteiler gegeben sei, nicht völlig eliminiert werden. Außerdem sei es unrealistisch, innerhalb des gesamten Unternehmens einheitliche Kriterien für gute oder schlechte Leistungen aufzustellen und umzusetzen.

■ Diskussionen um die Höhe des Gehalts verhindern Offenheit: Sobald eines der Ziele eines Beurteilungsgesprächs darin besteht, variable Gehaltsanteile festzulegen, dreht sich nach Einschätzung von Personalberatern alles nur noch um das Thema Geld. Mitarbeiter werden kaum geneigt sein, offen auch über Leistungsschwächen zu sprechen, wenn sie wissen, daß am Ende des Gesprächs die Frage nach der Höhe des Gehalts steht. Damit, so die Kritiker, konterkariere die Verknüpfung von Beurteilungsgespräch und Entgeltzahlung eines der wesentlichen Ziele einer systematischen Beurteilung, nämlich die Herstellung von Offenheit und den konstruktiven Dialog zur Verbesserung der Leistung. Eine Diskussion über das Entgelt oder variable Anteile im Rahmen des Beurteilungsgesprächs bestimme statt dessen die gesamte Gesprächsatmosphäre, mutmaßt Unternehmensberater Dr. Thomas Kleine. Der Mitarbeiter gehe vor allem mit einem Ziel in das Gespräch: Freundlich zu erscheinen, um sich die Chancen für eine Gehaltserhöhung oder Prämie nicht zu verscherzen. Das Gehalt stehe bei einer solchen Koppelung eindeutig im Vordergrund. Doch Wohlverhalten und vorauseilenden Gehorsam zu belohnen könne nicht Sinn und Zweck von Beurteilungsgesprächen sein, sagt Dr. Kleine.

■ Das Beurteilungsergebnis beeinflußt auch zukünftige Zahlungen: Auch wenn sich die Verknüpfung von Beurteilung und Entgelt eigentlich nur auf rückwirkende Zusatzzahlungen wie Prämien auswirkt, so hat sie indirekt doch Einfluß auf die Höhe der zukünftigen Zahlung. Das sei unbefriedigend, meint Gerhard Grassl in seinem Aufsatz „Personalbeurteilung" (Grassl 1996, S. 652-657).

■ Nicht beeinflußbare Markteinflüsse schlagen durch: Wenn die Beurteilung auf der Basis des Leistungsvergleichs – innerhalb eines Unternehmens oder einer Abteilung – erfolgt, können nach Einschätzung von Kritikern Schwankungen des Entgelts auftreten, die den Mitarbeitern kaum vermittelbar sind. Ein Beispiel: Ein Produkt läßt sich zunehmend nur noch über den Preis verkaufen. Die Erlöse sinken. Der Topf, aus dem die Zulagen bezahlt werden, wird kleiner. Die Folge: Obwohl sich der Produktverkäufer mehr als je zuvor abgestrampelt hat und sich das auch in seiner Beurteilung niederschlägt, bekommt er weniger Geld als im Jahr davor.

■ Beurteilungen sind manipulierbar: Ein weiterer Einwand von Experten gegen die Verknüpfung von Beurteilung und Entlohnung: Vorgesetzte würden, um eine Kürzung von Leistungszulagen zu vermeiden, die Beurteilung manipulieren. Das ist zwar anderen Mitarbeitern oder Abteilungen gegenüber nicht gerecht, aber es erspart Ärger mit dem Mitarbeiter, endlose Diskussionen und Rechtfertigungen.

1.5.2 Was spricht für eine Verknüpfung von Beurteilung und Entgelt?

■ Die Bedeutung des Beurteilungsverfahrens wird gesteigert: Eine Verknüpfung von Beurteilungsgespräch und Entgelt steigert die Bedeutung des gesamten Beurteilungsverfahrens. Die Mitarbeiter werden sich aktiv dafür einsetzen, daß die Beurteilungen pünktlich und vollständig erfolgen.

■ Der Druck auf Vorgesetzte nimmt zu: Vorgesetzte müssen einen Teil der Voraussetzungen schaffen, die dem Mitarbeiter gute Arbeitsergebnisse ermöglichen. Beispielsweise müssen sie ihre Mitarbeiter umfassend über Unternehmensziele, geplante Projekte etc. informieren, oder sie müssen für die reibungslose Zusammenarbeit mit anderen Abteilungen im Unternehmen, mit Zulieferern etc. sorgen, oder sich darum kümmern, daß die Mitarbeiter an Qualifizierungsmaßnahmen teilnehmen können. Sobald das Beurteilungsergebnis auch an Entgeltzahlungen gekoppelt ist, könnten die Mitarbeiter den Druck auf ihre Vorgesetzten erhöhen, damit sie diese Voraussetzung schaffen.

1.5.3 Ambivalente Sichtweise der Verknüpfung von Beurteilung und Entgelt

■ Durch das leistungsbezogene Entgelt kann eine Jeder-gegen-Jeden-Mentalität innerhalb der Belegschaft befördert werden. Darunter kann das gesamte Betriebsklima leiden. Dies kann aber auch ausdrücklich erwünscht sein von Unternehmensleitungen, die dem Grundsatz „Konkurrenz belebt das Geschäft" frönen.

■ Die wechselseitige Kontrolle der Mitarbeiter kann sich verstärken. Das mag von manchen Unternehmen als positiver Effekt gewertet werden. Jene Mitarbeiter, die bislang auf Kosten der anderen eine ruhige Kugel geschoben haben, werden mit einer an variable Zahlungen gekoppelten Beurteilung verstärkt ausgegrenzt und bloßgestellt. Andererseits kann sich interne Kontrolle und Konkurrenzkampf negativ auf die Teamarbeit auswirken. Wenn jedes Teammitglied nur noch danach schaut, ob es selbst genügend positiv zur Geltung kommt, reduziert das möglicherweise die Leistungsfähigkeit und das kreative Potential einer Gruppe.

debis-Personalvorstand Dr. Norbert Bensel sieht die Ursache für die Debatten um das Für und Wider einer Verknüpfung von Beurteilungsgespräch und Entgelt nicht so sehr in der Unvereinbarkeit beider Ziele. Die Frage sollte eher lauten, wie stabil ein Beurteilungsverfahren in einem Unternehmen verankert sei. „Meiner Meinung nach ist das eine Frage der Professionalität, eine Frage der Beziehung zwischen den Mitarbeitern und Vorgesetzten und eine Frage des Reifegrades einer Organisation", sagt Dr. Bensel.

Das Fazit, das sich daraus ziehen läßt: Wenn ein Unternehmen ein Beurteilungsverfahren ganz neu etabliert und die Beteiligten noch keine Erfahrung mit der praktischen Anwendung haben, sollten Beurteilung und Bezahlung getrennt behandelt werden. Das empfiehlt sich auch im Hinblick darauf, daß im allgemeinen das Beurteilungsverfahren in der Einführungsphase noch mehrfach verändert, an die Gegebenheiten im Unternehmen angepaßt wird. Erst wenn diese Erprobungsphase erfolgreich abgeschlossen ist – im allgemeinen nach zwei bis drei Durchgängen – und sich eine gewisse Routine in der Anwendung des Verfahrens eingestellt hat, sollte über eine Verknüpfung von Beurteilungsgespräch und Entlohnung nachgedacht werden. Unternehmen mit einem hohen „Reifegrad", wie Personalchef Dr. Bensel das nannte, in denen die interne Kommunikation gut funktioniert und die langjährige Erfahrungen mit Beurteilungsverfahren haben, kommen womöglich mit dieser Verknüpfung gut zurecht. Außerdem nutzen sie die genannten positiven Aspekte einer solchen Verknüpfung.

1.6 Nicht nur beurteilen, sondern auch entwickeln

Insgesamt, so hat das erste Kapitel gezeigt, lassen sich mit dem Instrument der Mitarbeiterbeurteilung eine Vielzahl ganz unterschiedlicher taktischer Ziele erreichen. Allen übergeordnet sind strategische Ziele wie Effizienzsteigerung, Erhöhung der Produktivität oder Verbesserung der Marktposition. Voraussetzung dafür, daß diese Ziele erreicht werden: Nicht nur die in der Vergangenheit erbrachten Leistungen eines Mitarbeiters sollten beurteilt werden. Es sollten auch Ziele für die zukünftige Zusammenarbeit vereinbart werden. Solche Zielvereinbarungsgespräche gehören in den meisten der großen und zunehmend auch mittelständischen Unternehmen zum festen Bestandteil der systematischen Mitarbeiterbeurteilung. In diesen Gesprächen vereinbart der Mitarbeiter mit seinem Vorgesetzten, welche Ziele er in einem definierten Zeitraum erreichen will und muß. Außerdem wird festgelegt, ob und, wenn ja, welche unterstützenden Maßnahmen er dazu benötigt. Nach Ablauf des definierten Zeitraums überprüfen beide, inwieweit die Ziele erreicht worden sind, wo Defizite bestehen, welche Ursachen dafür verantwortlich sind und wie man sie beseitigen kann. Erst mit einer solchen Zielvereinbarung wird aus der systematischen Mitarbeiterbeurteilung ein Instrument moderner Personalführung und -entwicklung. „Für uns ist die Beurteilung nur ein kleiner, wenn auch notwendiger Baustein im Rahmen des Gesamtkonzepts Personalentwicklung", bestätigt Wolf-Rüdiger Grohmann, Manager Interne Kommunikation bei BP Oil Deutschland.

2 So entwickeln Sie Ihr eigenes Verfahren zur Mitarbeiterbeurteilung

Mitarbeiterbeurteilung ist Mittel zum Zweck. Sie dient dazu, die Produktivität und Effizienz eines Unternehmens zu steigern. Im ersten Kapitel wurde gezeigt, daß dieses Ziel auf höchst unterschiedlichen Wegen – durch Kontrolle, Motivation, Verknüpfung von Beurteilungsergebnis und Entgelt etc. – erreicht werden kann.

Im zweiten Kapitel werden zwei Modelle von Beurteilungsverfahren vorgestellt: das Modell eines merkmalsorientierten Beurteilungsverfahrens und das Modell eines zielorientierten Beurteilungsverfahrens. Es wird erläutert, worin sich beide Modelle wesentlich unterscheiden. Es werden die Charakteristika beider Verfahren – Merkmalskataloge, Zielvereinbarungen sowie Beurteilungsschemata – dargestellt und erklärt. Der Leser erhält eine ganze Reihe von Tips, wie er diese Elemente selbst entwickeln kann und worauf er dabei achten sollte.

In der Theorie sind beide Modelle völlig verschieden. In der Praxis nutzen jedoch viele Unternehmen Elemente aus beiden, um die Ziele einer systematischen Beurteilung zu erreichen. Ein solcher Mix stößt bei Experten zum Teil auf entschiedene Kritik. Eine prononcierte Meinung zu beiden Modellformen und zu ihrer Verknüpfung äußert ein ausgewiesener Experte in Sachen Beurteilungsverfahren in Abschnitt 2.3.

Unabhängig von der Grundausrichtung des Beurteilungsverfahrens schließen immer mehr Unternehmen an die Beurteilung ein sogenanntes Personalentwicklungsgespräch an. Wie solche Gespräche institutionalisiert werden können, welche Ziele damit verfolgt werden und wie ein Gespräch konkret ablaufen kann, wird in Abschnitt 2.4 gezeigt.

Am Schluß des zweiten Kapitels wird das Modell einer teamorientierten Beurteilung vorgestellt. Teamarbeit gewinnt eine immer größere Bedeutung. Damit wächst auch der Wunsch, nicht nur individuelle Mitarbeiterleistungen, sondern auch die Leistung von Teams systematisch zu erfassen und zu beurteilen.

2.1 Leistung messen, um zu vergleichen: Die merkmalsorientierte Beurteilung

Merkmalskatalog/Gewichtung/Skalierung

„Eine gewisse Verwunderung stellt sich ob der Tatsache ein, daß auf der einen Seite heute in Unternehmen Spitzenleistungen von jedem Mitarbeiter erwartet werden, auf der anderen Seite aber diese Leistungen mit einem, zurückhaltend formuliert, dürftigen Beurteilungsverfahren klassifiziert werden."

R. Baarfuss, Management Zentrum St. Gallen

Verfahren zur Mitarbeiterbeurteilung gibt es nicht von der Stange. Jedes Unternehmen, das seine Belegschaft oder Teile daraus systematisch evaluieren will, muß ein zur eigenen Unternehmenskultur und zu den angestrebten Zielen passendes Beurteilungsverfahren entwickeln oder entwickeln lassen. Maßschneiderung also.

So unterschiedlich diese Verfahren in der Praxis aussehen – im Kern lassen sie sich immer auf die zwei Grundrichtungen zurückführen: a) auf Beurteilungen, die sich an Merkmalen orientieren; b) auf Beurteilungen, die sich an Zielen orientieren.

Wir beginnen mit der merkmalsorientierten Beurteilung. Sie wird als die klassische Form der Mitarbeiterbeurteilung bezeichnet und ist zumindest in Deutschland die verbreitetste

Form. Gemessen und bewertet werden die Leistungen des Mitarbeiters, die er in einem zurückliegenden Zeitraum – etwa während der vergangenen zwölf Monate – erbracht hat. Basis dieser Beurteilung ist ein für alle Mitarbeiter gleichermaßen geltender Merkmalskatalog. Ziel des Verfahrens: Eine Antwort auf die Frage zu erhalten, inwieweit der Mitarbeiter individuell und im Vergleich zu den übrigen Mitarbeitern des Unternehmens den an ihn gerichteten Leistungserwartungen und Arbeitsanforderungen gerecht geworden ist. Das ist relativ leicht dort, wo die zu erbringende Leistung quantifizierbar und damit eindeutig meßbar ist. Tätigkeiten, die im Akkord entlohnt werden, sind ein Beispiel hierfür. Schwierig wird es, wenn eine eindeutige Beziehung zwischen dem Verhalten des Mitarbeiters und seinem Leistungsergebnis nicht so ohne weiteres herstellbar ist. Das gilt für viele Tätigkeiten im gewerblichen Bereich, ganz besonders aber im nicht-gewerblichen Bereich. Hier sind Leistungsergebnis und Anteil des Mitarbeiters an diesem Ergebnis nur schwer meßbar.

Wie funktioniert nun die merkmalsorientierte Beurteilung? Wie der Name schon anklingen läßt: Sie nimmt die Gesamtleistung und teilt sie in einzelne Merkmale auf, und zwar a) in Merkmale, die sich an der Leistung orientieren (in den „Arbeitsberichten 23" der Bundesvereinigung der Deutschen Arbeitgeberverbände werden diese als „output-bezogen" bezeichnet; vgl. a.a.O., S. 2), und b) in Merkmale, die sich am Verhalten orientieren (input-bezogen; ebenda).

Die Anzahl möglicher Merkmale, ob sie nun leistungs- oder verhaltensorientiert sind, ist schier unendlich (eine kleine Auswahl finden Sie auf Seite 43 unter der Überschrift „Liste möglicher Merkmale …"). Entscheidend für ein Unternehmen, das ein an Merkmalen orientiertes Beurteilungsverfahren einführen will, ist deshalb herauszufinden, welche Merkmale für das eigene Unternehmen, seine Kultur, seine Ziele relevant sind. Und daraus den eigenen spezifischen Merkmalskatalog zusammenzustellen.

Gliederung von Beurteilungsmerkmalen

Gliederung	Beispiele
1. Leistungs-("output"-) orientierte Merkmale	▣ Quantität der Leistung ▣ Qualität der Leistung
2. Verhaltens-("input"-) orientierte Merkmale	
2.1 Qualifikation	▣ Fachwissen, bezogen auf die Aufgabe ▣ Fachkönnen, bezogen auf die Aufgabe
2.2 Willensstruktur	▣ Arbeitseinsatz ▣ Übernahme von Verantwortung ▣ Fleiß und Zeitausnutzung ▣ Durchsetzungsvermögen ▣ Grad der Beanspruchung
2.3 Soziales Verhalten	▣ Zusammenarbeit ▣ Führungsverhalten ▣ Kontakt mit Kunden, Lieferanten o.ä.

Quelle: Bundesvereinigung der Deutschen Arbeitgeberverbände, Arbeitsberichte 23, Bergisch-Gladbach 1986, S. 2

Um ein Beispiel zu nennen: Für ein Dienstleistungsunternehmen sind die Merkmale Kundenfreundlichkeit, Pünktlichkeit, Zuverlässigkeit, Schnelligkeit bei der Beantwortung von Kundenanfragen etc. besonders wichtig. Für einen Produktionsbetrieb dagegen kommt es mehr auf Merkmale wie Präzision, schnelle Auftragserledigung, Kostenbewußtsein etc. an.

**Liste möglicher Merkmale zur Beurteilung
individueller Mitarbeiterleistungen**

- Auffassungsgabe
- Arbeitstempo
- Arbeitsqualität
- Durchsetzungsvermögen
- Fachwissen
- Informationsmanagement
- Initiative

- Konfliktverhalten
- Kostenbewußtsein
- Kreativität
- Managementeffizienz
- Motivation
- Teamfähigkeit
- Zuverlässigkeit
- u.v.a.

2.1.1 So stellen Sie einen Merkmalskatalog zusammen

Vollständig sollte der Merkmalskatalog sein, dabei nicht zu umfangreich, sonst ist er nicht mehr praktikabel. Er sollte sich an den Unternehmenszielen orientieren und die Unternehmenskultur einbeziehen. Auch für Unternehmen, die ihr Verfahren zur Mitarbeiterbeurteilung selbständig entwickeln wollen, kann es sinnvoll sein, zum Erstellen des Merkmalskatalogs einen externen Berater hinzuzuziehen, oder zumindest bei Berufsverbänden, Handelskammern oder dem Verband der Unternehmensberater nachzufragen, ob für ihre Branche Merkmalslisten existieren. Sie können eine wertvolle Hilfe sein, den eigenen Katalog auf Vollständigkeit zu überprüfen. Die Qualität des Merkmalskataloges bestimmt ganz wesentlich die Qualität des gesamten Beurteilungsverfahrens.

Eine Möglichkeit, die Vollständigkeit, aber auch die Qualität des Merkmalskatalogs zu überprüfen, hat Heinz Dirks (Dirks 1975, S. 1348 ff.) vorgeschlagen. Die Festlegung der Merkmale sollte vier Prinzipien folgen. Diese Prinzipien lauten:

1. *Das Prinzip der Vollständigkeit:* Nach Auffassung Dirks` sollten die Merkmale sämtliche für die Arbeit des Mitarbeiters wichtigen Bereiche abdecken.

2. *Das Prinzip der Eindeutigkeit:* Die Merkmale sollten, so Dirks, deutlich voneinander unterscheidbar sein. Pünktlichkeit und Zuverlässigkeit sind beispielsweise zwei dicht beieinander liegende Merkmale; um sicherzustellen, daß mit den beiden Merkmalen nicht ein und dasselbe Verhalten gemessen wird, sollten beide Merkmale genau definiert werden.

3. *Das Prinzip der Ganzheit:* Die Summe aller Merkmale sollte als eine Einheit wahrgenommen werden.

4. *Das Prinzip der Praktikabilität:* Es bedeutet nach Dirks, daß das Beurteilungssystem anhand der Merkmale auch ohne psychologische Kenntnisse angewendet werden können sollte.

Folgende Verfahren sind hilfreich bei der Zusammenstellung des Merkmalskatalogs und bei der Überprüfung auf Vollständigkeit:

- Gruppenbildung: Sie sammeln zunächst in einem brainstorming-Verfahren alle relevant erscheinenden Merkmale und teilen sie anschließend in zwei Gruppen ein: In die eine Gruppe gehören leistungsbezogene Merkmale wie beispielsweise Qualität und Quantität der Leistungen, in die andere Verhaltensmerkmale wie Sozialverhalten oder Motivation (siehe dazu den Kasten „Gliederung von Beurteilungsmerkmalen", Seite 42). Der Sinn dieser Differenzierung: Sie erkennen relativ schnell, welche Merkmalsart – leistungsbezogen oder verhaltensbezogen – Ihnen und dem Unternehmen wichtiger ist. Außerdem kann man anhand der beiden Gruppen gut feststellen, ob jede von ihnen eine ausreichende Zahl von differenzierenden Merkmalen enthält.

■ Aufteilung in Kompetenzbereiche: Sie ordnen Merkmale nach sogenannten Kompetenzbereichen, also zum Beispiel nach Fachkompetenz (hierunter würden u.a. Fachwissen, Qualität der Arbeit etc. fallen), Persönlichkeitskompetenz (hierzu zählen zum Beispiel Engagement oder Initiative des Mitarbeiters) und Sozialkompetenz (wie etwa Teamfähigkeit, Durchsetzungsvermögen etc.) und Führungskompetenz, eine Kategorie, die nur für Mitarbeiter mit entsprechender Funktion relevant ist.

**Merkmalsdifferenzierung
nach Kompetenzbereichen**

■ Fachkompetenz (Fachwissen, Qualität, Quantität)
■ Führungskompetenz (nur für Führungskraft)
■ Persönlichkeitskompetenz (Engagement, Flexibilität, Initiative)
■ Sozialkompetenz (Kommunikationsfähigkeit, Teamfähigkeit, Kritikfähigkeit)

2.1.2 Nicht jedes Merkmal ist gleich wichtig für jeden Mitarbeiter: So gleichen Sie Differenzen aus

Nicht nur von Unternehmen zu Unternehmen unterscheiden sich die Merkmale in ihrer Relevanz. Auch innerhalb eines Betriebes können sie je nach Position des Mitarbeiters unterschiedlich wichtig sein. Um ein Beispiel zu nennen: Das Merkmal „Kundenfreundlichkeit" ist bei Außendienstmitarbeitern von größerer Bedeutung als bei den in der Buchhaltung beschäftigten Mitarbeitern usw. Um diesem Umstand

Rechnung zu tragen, müssen, wenn der Merkmalskatalog steht, die einzelnen Merkmale entsprechend ihrer Bedeutung für den konkreten Arbeitsplatz gewichtet werden. Hierbei ist die Klassifizierung der Merkmale nach Kompetenzbereichen nützlich, wie das folgende Beispiel zeigt. Nehmen wir an, der Merkmalskatalog für ein Dienstleistungsunternehmen enthält die folgenden Merkmale:

- quantitatives Arbeitsergebnis
- qualitatives Arbeitsergebnis
- Kundenorientierung
- Teamorientierung
- Einsatzbereitschaft
- Personalführung

Diese Merkmale werden je nach Mitarbeitergruppe und hierarchischer Stufe im Unternehmen verschieden gewichtet. Für die im Callcenter arbeitenden Mitarbeiter könnte das folgendermaßen aussehen:

- quantitatives Arbeitsergebnis   15%
- qualitatives Arbeitsergebnis   15%
- Kundenorientierung   35%
- Teamorientierung   15%
- Einsatzbereitschaft   20%
- Personalführung   0%

Bei Mitarbeitern mit Führungsfunktion kann das Merkmal „Personalführung", das im obigen Beispiel nicht („0%") gewichtet wurde, beispielsweise mit 15% gewichtet werden (u.U. zu Lasten der Merkmale „Teamorientierung" und „Kundenorientierung"). Für die Gewichtung einzelner Merkmale gibt es keine eindeutigen Regeln, schon gar nicht solche, die wissenschaftlich untermauert wären. Es gibt aber ein paar Faustregeln:

- Da letzten Endes das Leistungsergebnis entscheidend ist, sollten die Merkmale, die das Leistungsergebnis unmittelbar beeinflussen, stärker betont werden.
- Korrelieren zwei Merkmale sehr stark, so daß die Gefahr der Überbetonung eines Merkmalkomplexes entsteht, sollte das eine Merkmal stark, das andere Merkmal bewußt schwach betont werden.
- Selbstverständlich ist, daß bei Führungskräften z.B. das Merkmal „Führungsverhalten" besonders betont werden sollte.

Wichtig bei der Zusammenstellung eines Merkmalskatalogs ist also 1. zu entscheiden, welche Merkmale relevant sind und 2. wie sie gewichtet werden sollen.

2.1.3 Von Schulnoten bis zu frei formulierten Bewertungen: So entwickeln Sie Ihr individuelles Bewertungssystem

Inzwischen haben wir also drei Schritte absolviert:

1. Der Merkmalskatalog ist zusammengestellt.
2. Der Merkmalskatalog wurde hinsichtlich Vollständigkeit und Güte überprüft.
3. Die Merkmale sind je nach Bedeutung für den konkreten Arbeitsplatz gewichtet.

Damit kann der vierte Schritt folgen: Die Auswahl eines geeigneten Verfahrens zur Bewertung der Merkmale. Wie eingangs schon angesprochen, kann man auf verschiedene Weise bewerten:

47

- anhand von standardisierten Bewertungsverfahren,
- mit computergestützten Verfahren,
- im freien Dialog zwischen Führungskraft und Mitarbeiter.

Skalierungsverfahren

Standardisierte Skalierungsverfahren funktionieren ähnlich wie die Vergabe von Schulnoten: So, wie in einzelnen Unterrichtsfächern Noten gegeben werden, so werden den Merkmalen je nach Leistung des Mitarbeiters Punkte oder verbalisierte Bewertungen zugeordnet.

Die Skalierung nach Punkten

Die im Merkmalskatalog aufgeführten Merkmale werden zum Beispiel mit einer Skala von 1 (für die schlechteste Leistung) bis 7 (für die beste Leistung) bewertet. Der Nutzen von Punktsystemen: Die Punkte können addiert, und aus dem Ergebnis kann die Gesamtleistung des Mitarbeiters errechnet werden. Das wird verwendet, um die Leistung von Mitarbeitern innerhalb einer Gruppe oder des Gesamtunternehmens miteinander zu vergleichen. In manchen Unternehmen dient es auch zur Ermittlung variabler Gehaltsanteile.

Die verbalisierte Skalierung

Noch simpler, damit allerdings auch weniger aussagekräftig, ist zum Beispiel eine dreistufige Skalierung: Gut, mittelmäßig, nicht genügend.

Die differenzierte verbalisierte Skalierung

Das Prinzip ist das des vorgenannten Beispiels, jedoch ist die Bedeutung mit neun Stufen wesentlich differenzierter. Ein Beispiel:

1. hervorragend, vorzüglich
2. sehr gut
3. gut und besser
4. ziemlich gut, fast gut
5. teilweise gut, teilweise zufriedenstellend
6. zufriedenstellend
7. brauchbar
8. noch ausreichend
9. nicht mehr ausreichend

Unabhängig davon, ob ein Unternehmen ein Punktesystem verwendet oder ob es die Beurteilung in verbalisierter Form abgibt: die jeweiligen Bewertungsstufen werden in Form einer Definition möglichst ausführlich erklärt. Jeder Mitarbeiter und jeder Vorgesetzte im Unternehmen weiß damit, was mit einem bestimmten Punktwert, mit einer Note oder mit einer verbalisierten Beurteilung gemeint ist. Die Interpretation zum Beispiel der Bewertung „zufriedenstellend" ist individuell vermutlich sehr verschieden. Der Vorgesetzte meint mit dieser Bewertung, daß die entsprechende Leistung des Mitarbeiters weit unter dem Durchschnitt liegt und unbedingt steigerungsfähig ist. Der Mitarbeiter könnte dieses „zufriedenstellend" aber auch so interpretieren, daß für mehr Einsatz kein Anlaß besteht.

Zwei Beispiele dafür, wie eine Bewertungsskala so definiert werden kann, daß Mißverständnisse vermieden werden:

Beispiel 1: Definition einer fünfstufigen Bewertungsskala

Hervorragende Leistung: Außergewöhnlicher Beitrag, zeigt in hohem Maß Einsatz und Initiative, erfüllt alle Zielsetzungen und Anforderungen.

Sehr gute Leistung: Beitrag liegt über den allgemeinen Erwartungen, wird allen Zielsetzungen und Anforderungen gerecht.

Gute Leistung (+): Erreicht voll den erwarteten Standard, erfüllt die wesentlichen Ziele und Anforderungen über einen konstanten Zeitraum.

Gute Leistung: Erreicht voll den erwarteten Standard, erfüllt die wesentlichen Ziele und Anforderungen.

Verbesserungsbedürftige Leistung: Leistung erfüllt nicht alle Ziele und Anforderungen, ist zu verbessern.

Beispiel 2: Definition einer vierstufigen Bewertungsskala

Hervorragende Leistung: Der Mitarbeiter liefert außergewöhnliche Beiträge, zeigt in hohem Maße Einsatz und Initiative, erfüllt alle Zielsetzungen und Anforderungen.

Sehr gute Leistung: Der Beitrag des Mitarbeiters liegt über den allgemeinen Erwartungen; er wird allen Zielsetzungen und Anforderungen gerecht.

Gute Leistung: Der Mitarbeiter zeigt gute Leistungen; er erreicht voll den erwarteten Standard und erfüllt die wesentlichen Ziele und Anforderungen.

Verbesserungsbedürftige Leistung: Die Leistung des Mitarbeiters ist zu verbessern. Er erfüllt nicht alle Ziele und Anforderungen.

Zum Schluß noch einmal die wichtigsten Schritte beim Erstellen einer Bewertungsskala:

1. Legen Sie fest, ob Sie Punkte, Noten oder verbale Beurteilungen erteilen wollen.
2. Legen Sie die Anzahl der Bewertungsstufen fest.
3. Formulieren Sie zu jeder der Bewertungsstufen eine präzise Definition.
(4. ggf: Ordnen Sie jeder verbal formulierten Bewertungsstufe einen Punktwert zu.)

In den Augen von Führungskräften haben merkmalsorientierte Verfahren mit entsprechenden Skalierungen für die Mitarbeiterbeurteilung gegenüber nicht-merkmalsorientierten Verfahren erhebliche Vorteile. Diese lauten:

- Die strenge Formalisierung (für alle Mitarbeiter gelten die gleichen Merkmale) erlaubt die Vergleichbarkeit der Leistungen innerhalb einer Gruppe oder eines Unternehmens.
- Das standardisierte Beurteilungsverfahren (Punkte, Noten, verbale Beurteilungsskalen) erscheint als objektiv und wird entsprechend akzeptiert.
- Den Führungskräften erleichtert das vorgegebene Raster die Beurteilung.
- Die Ergebnisse der Beurteilung können zur Berechnung von leistungsabhängigen Entgelten herangezogen werden.

Kritiker dagegen bemängeln die Starrheit, die mangelnde Dialogfreundlichkeit solcher standardisierten Verfahren. Sie sehen u.a. die Gefahr, daß der Mitarbeiter mit einer Beurteilung abgespeist wird, ohne die Gelegenheit zu haben, sich aktiv an der Beurteilung zu beteiligen. Eine solche aktive Rolle ermöglichen computergestützte Beurteilungsverfahren. Eines dieser Verfahren wird im folgenden vorgestellt und erläutert.

51

2.1.4 Merkmalsorientierte Beurteilungsverfahren, computergestützt

Das im vorigen Abschnitt beschriebene Verfahren zur Beurteilung von Mitarbeitern erfolgt mit Hilfe von Formularen. Ein Beispiel für solch ein Formular ist im folgenden zu sehen. Das Formular enthält vier für die Beurteilung relevante Merkmalsbereiche (Anwendungswissen, Arbeitsmenge, Arbeitsgüte, Zusammenarbeit):

Formulargestützte Mitarbeiterbeurteilung

1. Anwendungswissen = Breite und Tiefe der stellenbezogenen Fachkenntnisse und Erfahrungen sowie die Fähigkeit, diese aufgabenbezogen anzuwenden

Bitte stufen Sie ein, inwieweit der Mitarbeiter die in seinem Aufgabengebiet geforderten Qualifikationen (s. Stellenprofil) beherrscht.

- ▨ Der Mitarbeiter verfügt über hervorragende Kenntnisse und Erfahrungen in seinem Arbeitsgebiet sowie in angrenzenden Fachgebieten. (1)
- ▨ Der Mitarbeiter verfügt über gute Kenntnisse und Erfahrungen in seinem Arbeitsgebiet. (2)
- ▨ Der Mitarbeiter verfügt über anforderungsgerechte Kenntnisse und Erfahrungen. (3)
- ▨ Der Mitarbeiter verfügt über unzureichende Kenntnisse und Erfahrungen. (4)

---

2. Arbeitsmenge = Erreichung der für die Stelle vorgegebenen, überprüfbaren Mengenziele des Mitarbeiters (in die Bewertung sind besondere Umstände einzubeziehen, soweit sie Einfluß auf die Mengenziele hatten und eine Veränderung dieser Ziele vereinbart war).

Bitte stufen Sie ein, inwieweit der Mitarbeiter die erwartete Arbeitsmenge erbracht hat.

- ▨ Der Mitarbeiter hat alle vereinbarten Aufgaben deutlich übertroffen. (1)
- ▨ Der Mitarbeiter hat alle vereinbarten Aufgaben uneingeschränkt erfüllt. (2)

▓ Der Mitarbeiter hat im großen und ganzen die vereinbarten Aufgaben erfüllt. Einige wenige wurden nicht vollständig abgedeckt. (3)
▓ Der Mitarbeiter hat von den vereinbarten Aufgaben mehrere nicht erfüllt. (4)

---

3. Arbeitsgüte = Erfüllung der Anforderungen an die Qualität (im Rahmen vorgegebener, überprüfbarer Qualitätsziele, die dem Mitarbeiter bekannt sind) und Verwertbarkeit der Arbeitsergebnisse.

Bitte stufen Sie ein, inwieweit der Mitarbeiter den an ihn gestellten Anforderungen hinsichtlich der Güte seiner Arbeitsergebnisse entsprochen hat.

▓ Die Güte der geleisteten Arbeit übertraf deutlich die an die Funktion des Mitarbeiters gestellten Anforderungen. (1)
▓ Die Güte der geleisteten Arbeit entsprach uneingeschränkt den an die Funktion des Mitarbeiters gestellten Anforderungen. (2)
▓ Die Qualität der geleisteten Arbeit entsprach im großen und ganzen den an die Funktion des Mitarbeiters gestellten Anforderungen. (3)
▓ Die Güte der geleisteten Arbeit entsprach in mehreren Aspekten nicht den an die Funktion des Mitarbeiters gestellten Anforderungen. (4)

---

4. Zusammenarbeit = Fähigkeit und Bereitschaft, gemeinsam etwas zu leisten.

Bitte stufen Sie ein, inwieweit der Mitarbeiter durch sein Verhalten im Team die Gruppenleistung gefördert hat.

▓ Der Mitarbeiter übertraf die an seine Funktion gestellten Verhaltensanforderungen. (1)
▓ Der Mitarbeiter entsprach uneingeschränkt den an seine Funktion gestellten Verhaltensanforderungen. (2)
▓ Der Mitarbeiter entsprach im großen und ganzen den an seine Funktion gestellten Verhaltensanforderungen. (3)
▓ Der Mitarbeiter entsprach in mehreren – teilweise auch wesentlichen Aspekten – nicht den an seine Funktion gestellten Verhaltensanforderungen. (4)

Quelle: Hay Management Consultans GmbH Frankfurt/Main)

Möglich sind natürlich auch Formulare mit erheblich mehr oder, je nach Unternehmen, anderen Merkmalen. Sie können sich, wie dargestellt, auf Verhaltensweisen des Mitarbeiters, auf seine quantifizierbaren Leistungen wie auch auf die Qualität der Leistungen beziehen.

Jeder Vorgesetzte muß also für jeden seiner Mitarbeiter ein solches Formular ausfüllen. Entweder, indem er jeden Merkmalsbereich mit einem Punktwert versieht, oder indem er seine Einschätzung des Mitarbeiters frei formuliert. Parallel dazu – jedenfalls in den meisten Unternehmen, die ein solches Verfahren anwenden – müssen auch die Mitarbeiter eine Art Selbsteinschätzung ihrer Leistungen und Verhaltensweisen am Arbeitsplatz abgeben. Sie verwenden dazu den gleichen Formularvordruck wie ihr Vorgesetzter. Die Ergebnisse beider Einschätzungen werden in einem anschließenden Gespräch verglichen und diskutiert.

Statt handschriftlich auszufüllender Formulare kann man sich auch eines Computers mit einem entsprechenden Programm bedienen. Solche Programme werden im Markt angeboten. Das Programm kann der Mitarbeiter selbständig und in Abwesenheit des Vorgesetzten am Computer bearbeiten. Die Anwendung dauert zirka 60 Minuten. Das Programm beschränkt sich auf die Erfassung verhaltensbezogener Merkmale. Über die Vorgabe von Fragen, die die Selbsteinschätzung und Selbstbeurteilung eines Mitarbeiters betreffen und die der Mitarbeiter lückenlos beantworten muß, entsteht ein natürlich nicht absolut objektives, aber je nach Qualität eines solchen Programms durchaus realistisches Bild des befragten Mitarbeiters.

Eines dieser Programme – es ist unter dem Namen „Captain" im Handel – sei hier kurz vorgestellt. Es besteht aus zwei Teilen: Im ersten Teil wird der Mitarbeiter mit einer Reihe von sogenannten Paarvergleichen konfrontiert. Die Computermaske (Seite 55) zeigt als Beispiel das Aussagenpaar „Ich werde meistens von anderen akzeptiert – Meine Mitarbeiter befolgen meine Anordnungen". Die beiden Sätze dieses Aussagepaares bilden keinen Gegensatz. Trotzdem muß sich der Mitarbeiter für eine dieser Antworten entscheiden – und

Selbstauskünfte am Computer mittels Paarvergleich

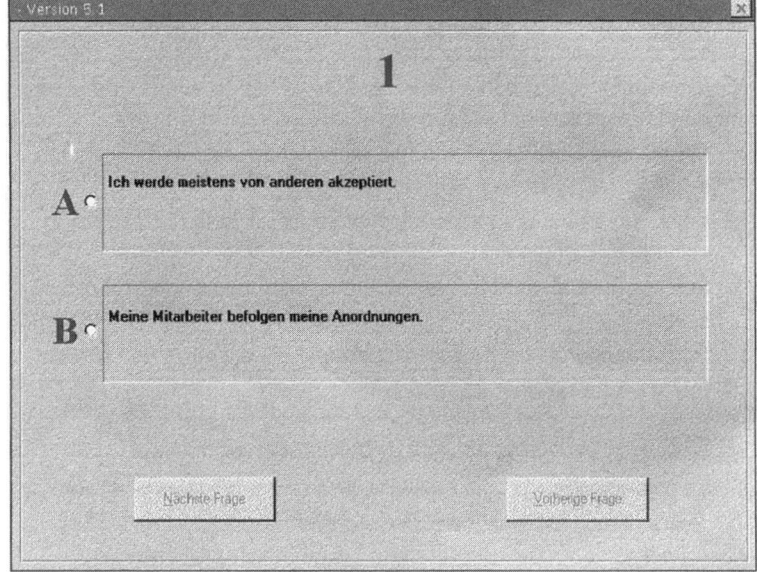

Quelle: CNT, Gesellschaft für Personal- und Organisationsentwicklung

vermittelt damit im Verbund mit den Antworten auf all die anderen ähnlich zusammengesetzten Fragen ein differenziertes Bild seiner selbst.

Es wundert nicht, daß für den Mitarbeiter auch das Überspringen einer Paaraussage nicht möglich ist: Das Programm geht erst weiter, wenn die Aufgabe gelöst ist (sog. Forced-Choice-Verfahren). Die Vielzahl der Paaraussagen – über 180 – und die teilweise sehr ähnlichen Inhalte, die dem Mitarbeiter präsentiert werden, machen es dem Mitarbeiter – wenn er es denn wollte – fast unmöglich, das Ergebnis zu manipulieren.

Die Verhaltensdispositionen, die mit dem Computerprogramm geprüft werden, sind in der folgenden Übersicht aufgeführt:

55

Verhaltensdispositionen

- *Einstellung zur Arbeit*, d.h. die Bereitschaft, in der Arbeitswelt Einsatz zu zeigen
- *Zielorientierung*, d.h. die Tendenz, Arbeitsziele im Auge zu behalten und konkret darauf hinzuarbeiten
- *Persönliche Beteiligung*, d.h. die Bereitschaft, Arbeiten persönlich durch- bzw. zu Ende zu führen
- *Delegation*, d.h. das Interesse, das Ganze zu sehen und Arbeiten sinnvoll zu delegieren
- *Selbstorganisation*, d.h. das Bedürfnis, eigenes Handeln zu organisieren
- *Detailorientierung*, d.h. die Aufmerksamkeit, die einzelnen Aspekten der Arbeit gewidmet wird
- *Arbeitstempo*, d.h. die Schnelligkeit, mit der jemand arbeitet
- *Ausdauer*, d.h. die langzeitliche Orientierung der Testperson
- *Selbständigkeit*, d.h. die Eigeninitiative und Selbständigkeit der Testperson in fachlichen Fragestellungen
- *Arbeitsplanung*, d.h. die Tendenz, pragmatisch-praktisch bzw. theoretisch-planend zu arbeiten
- *Beständigkeit*, d.h. das Bestreben der Testperson, angefangene Aufgaben auch zu Ende zu führen
- *Einflußnahme*, d.h. die Neigung, mit Ratschlägen und Hilfestellung die Arbeitsweise anderer zu verbessern
- *Autoritätsorientierung*, d.h. die Bereitschaft, Autoritäten anzuerkennen und ihnen Folge zu leisten
- *Entscheidungsfreude*, d.h. die Bereitschaft, Entscheidungen zu treffen
- *Selbstbehauptung*, d.h. die innere Disposition, eigene Interessen und Ansichten auch gegen Widerstände durchzusetzen
- *Veränderungskraft*, d.h. die Tendenz, neue Ideen zu unterstützen und ihre Umsetzung voranzutreiben
- *Anerkennungsbedürfnis*, d.h. das Interesse an persönlicher Anerkennung und Achtung
- *Gruppenorientierung*, d.h. die emotionale Verbindung mit einer Gemeinschaft
- *Kooperation*, d.h. die Bereitschaft, sich mit anderen abzustimmen und für eine gute Zusammenarbeit zu engagieren

Quelle: CNT, Gesellschaft für Personal- und Organisationsentwicklung.

Merkmalskomplexe, die von übergeordneter Bedeutung für den Erfolg im Berufsleben sein können, werden als sogenannte Basisbereiche beschrieben. Sie sind in der Abbildung „Computeranalyse für Führungskräfte" aufgeführt, die ein Programm zur Beurteilung von Vorgesetzten zeigt. (Übrigens gibt es auch eine Version für Mitarbeiter ohne Vorgesetztenfunktion: darin fehlen die Merkmale, die sich auf das Führungsverhalten beziehen.)

Nach der Selbst*einschätzung* geht es in einem weiteren Teil des Programms um die Selbst*beurteilung*. Der entsprechende Programmteil heißt „Captain Subjektiv". Beurteilt wird das Arbeits- und das Leistungsverhalten am Arbeitsplatz. Dazu werden dem Mitarbeiter mehrere Antwortalternativen angeboten. Die Computermaske auf Seite 59, „Selbstauskünfte am Computer anhand vorgegebener Antworten", zeigt, wie eine solche Selbstbeurteilung zum Thema Stellenwert der Arbeit aussieht: Aus den vorgegebenen Antworten muß er diejenige aussuchen, die seiner Haltung am nächsten kommt.

Vermutlich wird kein Mitarbeiter die Aussage „Arbeit ist ein notwendiges Übel" als für sich zutreffend markieren. Aber wie oben schon erwähnt: Sollte wirklich jemand diese Einstellung haben – in einem geschickt aufgebauten Programm mit entsprechenden Frageplazierungen ist es recht wahrscheinlich, daß diese Einstellung, sollte sie denn bestehen, zutage gefördert wird.

Das Ergebnis der Selbstbeurteilung kann mittels Computer mit dem Ergebnis der Selbstauskünfte verglichen und ausgewertet werden. Christoph Nagler, Diplompsychologe und Geschäftsführer der Beratungsfirma CNT, die seit etlichen Jahren mit dem Programm arbeitet, erläutert den Nutzen dieses Abgleichs: „Aus Untersuchungen wissen wir, daß allgemeine Selbsteinschätzungen deutlich vom eigenen Wunschbild beeinflußt sind. Darüber hinaus beziehen die Selbsteinschätzungen nicht selten private, potentielle oder frühere Verhaltensmuster mit ein. Bei einem Abgleich von

Computeranalyse für Führungskräfte

*pro*CAPTain Analyse für Führungskräfte

Auswertung:		Anforderungen:	
Name, Vorname:	**Beispiel, Thomas**	Firma:	**CNT GmbH**
geb.:	**23.05.62**	Funktion:	**Einkaufsleiter**
Testdatum:	**30.01.98**	Datum:	**26.01.98**

(0-10) = CAPTain Analyse   ◯ = Selbstbewertung   ▨▨ = Muß   ▢ = Wunsch

ARBEITSLEISTUNG		0 1 2 3 4 5 6 7 8 9 10		
A1 Einstellung zur Arbeit	nützlichkeitsorientiert	▨▨▨⊙	sehr einsatzfreudig	6,0
A2 Zielorientierung	prozessorientiert	▨▨▨	ergebnisorientiert	6,0
A3 Persönliche Beteiligung	überläßt seine Arbeit anderen	⊙ 7	will alles selber tun	7,0
A4 Selbstorganisation	flexibel, anlassbezogen	▨▨8	sehr systematisch	6,0
A5 Detailorientierung	an Details nicht interessiert	▨▨▨ 7	Details im Mittelpunkt	7,0
A6 Arbeitstempo	ruhig, langsam	2 ⊙	arbeitet sehr schnell	2,0
A7 Ausdauer	ungeduldig	▨▨▨ 9	ausdauernd	9,0
A8 Selbständigkeit	will exakte Vorgaben	▨▨▨	selbständig, setzt Ziele selbst	7,0
A9 Arbeitsplanung	praktisch, intuitiv	▨▨▨	theoretisch, planerisch	6,0
A10 Bedürfnis nach Abwechslung	routinefähig	⊙ ▨▨▨	sucht viel Abwechslung	0,0
A11 Beständigkeit	führt wenig zu Ende	⑨	beendigt die Aufgaben immer	9,0

FÜHRUNGSEIGENSCHAFTEN		0 1 2 3 4 5 6 7 8 9 10		
B1 Führungsstärke	kein Interesse an Führung	3 ▨▨	autoritär, dominant	3,0
B2 Delegation	delegiert nicht	5 ⊙	delegiert sehr	5,0
B3 Einflußnahme	wenig Einflußnahme	▨▨▨	sehr viel Einflußnahme	6,0
B4 Autoritätsorientierung	eigenverantwortlich, unabhängig	3 ⊙	an Autoritäten orientiert	3,0

ENTSCHEIDUNGSFINDUNG		0 1 2 3 4 5 6 7 8 9 10		
C1 Entscheidungsfreude	trifft nur schwer Entscheidungen	1	entscheidet intuitiv und schnell	1,0

PERSÖNLICHKEIT		0 1 2 3 4 5 6 7 8 9 10		
D1 Selbstbehauptung	wehrt sich nicht	⑦	will sich immer behaupten	7,0
D2 Ambitionen	keinerlei Ambitionen	⊙ 8	sehr ehrgeizig, konkurrierend	8,0
D3 Selbstbeherrschung	sehr offen, gefühlsbetont	6 ⊙	sehr beherrscht	6,0
D4 Veränderungskraft	wenig Veränderungskraft	5 ⊙	engagiert sich für Veränderung	5,0
D5 Realisierer	kein Realisierer	▨▨▨	will praktisch umsetzen	9,0
D6 Fitneß	wenig fit	⑧	fühlt sich fit	8,0

TEAMVERHALTEN		0 1 2 3 4 5 6 7 8 9 10		
E1 Bedürfnis nach Nähe	unbeeinflußbar, unnahbar	▨▨	konsensorientiert	4,0
E2 Anerkennungsbedürfnis	sehr gering	▨▨	sehr groß	3,0
E3 Bedürfnis nach Aufmerksamkeit	braucht keine Aufmerks.	3 ⊙	will im Zentrum stehen	3,0
E4 Kontaktorientierung	nüchtern, sachorientiert	③	umgänglich, freundlich	3,0
E5 Gruppenorientierung	nicht eingebunden, autark	⊙ 6	sucht die Gemeinschaft	6,0
E6 Kooperation	steht für sich	⊙ 4	ordnet sich ein	4,0

BASISBEREICHE		0 1 2 3 4 5 6 7 8 9 10		
F1 Führungsrolle	führt nicht	4 ▨▨	führt sehr	4,0
F2 Grundlagen für Führung	persönlich ungeeignet	⑤	hat viele Grundlagen	5,0
F3 Grundlagen für Verkauf	uninteressiert, ungeeignet	⊙ 4	hat viele Grundlagen	4,0
F4 Kreativität	keine kreativen Neigungen	⑥	kreative Anlagen	6,0
F5 Unterstützungsbedarf	will keine Unterstützung	▨▨▨	benötigt viel Unterstützung	5,0
F6 Gründlichkeit	will schnellen Erfolg	6 ▨▨	sehr gründlich und besonnen	6,0
F7 Aktivitätsniveau	bedächtig	3 ⊙	rastlos	3,0
F8 Technische Orientierung	kein technisches Interesse	▨▨▨ ⑨	technischer Spezialist	9,0
F9 Selbstvertrauen	geringes Selbstvertrauen	4 ▨▨	von sich sehr überzeugt	4,0
F10 Teamfähigkeit	arbeitet am besten allein	▨▨▨	kann mit andern arbeiten	5,0

Quelle: CNT, Gesellschaft für Personal- und Organisationsentwicklung, Hamburg

Selbstauskünfte am Computer anhand vorgegebener Antworten

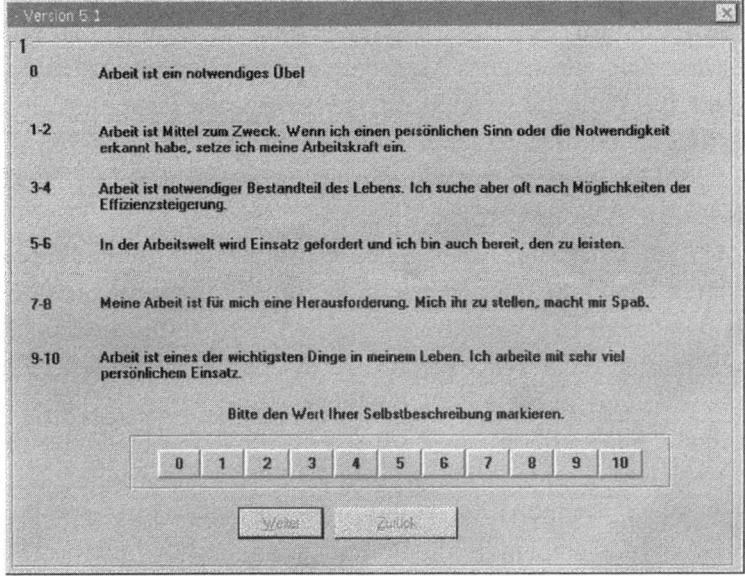

Quelle: CNT, Gesellschaft für Personal- und Organisationsentwicklung, Hamburg

Captain-Test und Captain Subjektiv wird dies für unterschiedliche Analysen in der Potentialermittlung und Personalbeurteilung genutzt."

Die Interpretation der Ergebnisse sollte von dafür ausgebildeten Personen vorgenommen werden. Darauf weisen die Vertreiber des computergestützten Programms zur Mitarbeiterbeurteilung ausdrücklich hin. Entsprechende Schulungen sowie ein detailliertes Handbuch werden angeboten. Außerdem besteht je nach Programmversion die Möglichkeit, Anforderungsprofile in den Computer einzugeben. Die Selbstauskünfte des Mitarbeiters werden dann mit diesen Anforderungsprofilen abgeglichen und ausgewertet.

Insofern sollte man den Erklärungswert solcher Programme nicht unterschätzen. Als Basis für ein Beurteilungs-

59

gespräch oder für die Planung von Qualifizierungsmaßnahmen kann der Einsatz solcher Programme durchaus sinnvoll sein, insbesondere, wenn man wenig Zeit zur Verfügung hat. Aber genau das kann auch der Nachteil solcher Programme sein: Es ist atmosphärisch von ganz anderer Qualität, ob ein Vorgesetzter mit seinem Mitarbeiter einen Merkmalskatalog Punkt für Punkt durchgeht, im gemeinsamen Gespräch Bewertungen vornimmt, auch Kritik in umgekehrter Richtung zuläßt, oder ob er seinen Mitarbeiter dazu veranlaßt, sich den Fragen eines Computers zu stellen.

Ob im Grundsatz jedoch der Einsatz eines computergestützten Verfahrens zur Beurteilung von Mitarbeitern sinnvoll ist, hängt von den Zielen ab, die ein Unternehmen mit dem Beurteilungsverfahren verfolgt. Will es das Potential der gesamten Belegschaft oder einzelner Teile daraus systematisch und nach einheitlichem Muster einschätzen? Dann dürfte ein solches Computerprogramm, das alle Mitarbeiter mit denselben Aufgaben konfrontiert, dienlich sein. Oder will das Unternehmen ganz individuelle Leistungs- und Verhaltenseinschätzungen der Mitarbeiter gewinnen? Dann dürfte das dargestellte Verfahren nicht zum Ziel führen.

Ob schließlich ein computergestütztes Beurteilungsverfahren gerechter ist als andere Verfahren, darf bezweifelt werden. Zwar ist die Ausgangsbasis für alle Mitarbeiter gleich: Alle bekommen dieselben Fragen und die Ergebnisse werden vom Computer ausgewertet. Doch diese Auswertung muß, wie die Vertreiber des Programms ausdrücklich feststellen, interpretiert werden. Spätestens hier kommt das subjektive Element wieder ins Spiel; erst recht dann, wenn – nach der ersten Runde am Computer – das Beurteilungsverfahren weiterläuft. Denn das Computerprogramm ersetzt kein persönliches Gespräch zwischen Mitarbeiter und Vorgesetztem. Allerdings liefert es eine unbestreitbar breite Datenbasis für diese Gespräche.

2.2 Leistung messen, um zu führen: Die zielorientierte Beurteilung

Zielkatalog/Zielvereinbarung/Umsetzungsplan in acht Schritten

Unternehmen, die ihre Mitarbeiter auf der Basis eines Merkmalskatalogs nach einem standardisierten Verfahren beurteilen, streben Vergleichbarkeit der Ergebnisse an. Befürworter solcher Verfahren sagen, daß durch diese Standardisierung ein hohes Maß an Objektivität bei der Leistungsbeurteilung gewährleistet werde. Diese sichere dem Verfahren eine gewisse Akzeptanz in der Mitarbeiterschaft und beim Betriebsrat, zumal dann, wenn sich die Beurteilung auf variable Gehaltsanteile auswirkt. Von Führungskräften werden standardisierte Beurteilungsverfahren geschätzt, weil sie leicht anzuwenden sind: Die Formulare mit den für die Beurteilung relevanten Leistungs- und/oder Verhaltensmerkmalen liegen vor, desgleichen das Bewertungsschema. Das Formular wird ausgefüllt, das Ergebnis der Beurteilung meistens in einen Punktwert übersetzt. Das erscheint vielen dann in der Tat als vom Beurteiler losgelöst, mithin „objektiv".

Ganz anders ausgerichtet und strukturiert sind sogenannte zielorientierte Verfahren zur Mitarbeiterbeurteilung. Hier geht es nicht darum, die Leistung eines Mitarbeiters anhand eines für eine ganze Gruppe erstellten Merkmalskatalogs zu beurteilen. Die Leistung wird auch nicht im Vergleich zu der seiner Kollegen beurteilt. Sondern es geht darum, ganz individuell und auf den einzelnen Mitarbeiter bezogen dessen Leistungspotential einzuschätzen, seine Stärken festzustellen und optimal im Sinn des Unternehmens einzusetzen sowie seine Schwächen zu analysieren und Maßnahmen zu vereinbaren, um diese auszugleichen.

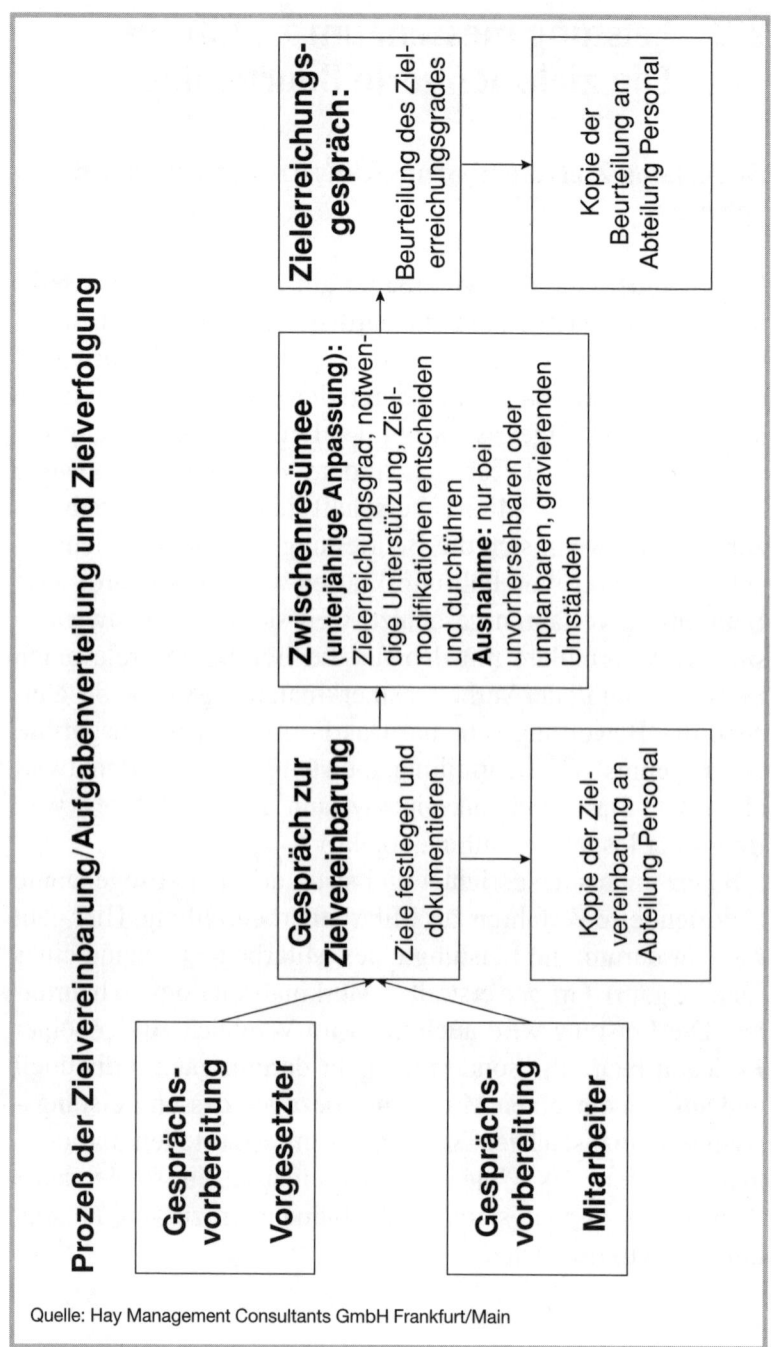

Prozeß der Zielvereinbarung/Aufgabenverteilung und Zielverfolgung

**Gesprächs-
vorbereitung
Vorgesetzter**

**Gesprächs-
vorbereitung
Mitarbeiter**

**Gespräch zur
Zielvereinbarung**

Ziele festlegen und
dokumentieren

Kopie der Ziel-
vereinbarung an
Abteilung Personal

**Zwischenresümee
(unterjährige Anpassung):**
Zielerreichungsgrad, notwendige Unterstützung, Ziel-
modifikationen entscheiden
und durchführen
Ausnahme: nur bei
unvorhersehbaren oder
unplanbaren, gravierenden
Umständen

**Zielerreichungs-
gespräch:**

Beurteilung des Ziel-
erreichungsgrades

Kopie der
Beurteilung an
Abteilung Personal

Quelle: Hay Management Consultants GmbH Frankfurt/Main

Zielvereinbarungsgespräche: Das Umfeld

Ort

- ☐ Im Zimmer des Vorgesetzten ⇧ bitte nicht am Schreibtisch
- ☐ Im Zimmer des Mitarbeiters ⇧ bitte ankündigen
- ☐ Im Besprechungszimmer ⇧ bitte gerne
- ☐ Woanders ⇧ bitte nicht

Zeit

- ☐ Bitte ausreichend einplanen
- ☐ Bitte Anfang und Ende gemeinsam festlegen

Störungen

- ☐ Bitte keine Unterbrechungen zulassen
- ☐ Bitte sicherstellen, daß kein Außenstehender zusehen oder mithören kann

Gesprächs-vorbereitung

- ☐ Bitte gründlich und umfassend
- ☐ Bitte alle wichtigen Unterlagen bereithalten

Quelle: Hay Management Consultants GmbH Frankfurt/Main

63

Konkret läuft die zielorientierte Beurteilung folgendermaßen ab: Jeder Mitarbeiter formuliert individuell seine Ziele, die er innerhalb eines definierten Zeitraums – bei den meisten Zielvereinbarungsverfahren handelt es sich um ein Jahr – glaubt, erreichen zu können. Bei dieser Zielformulierung berücksichtigt er die Unternehmensziele, die Ziele seines Vorgesetzten sowie die seines Teams. Der Vorgesetzte prüft diesen Zielekatalog auf Güte und Vollständigkeit. Das heißt: Wenn ihm die Ziele zu mager oder aber zu hoch gesteckt erscheinen, oder wenn sie mit den Zielen des Teams oder seinen eigenen nicht kompatibel sind, fordert er den Mitarbeiter auf, entsprechende Korrekturen vorzunehmen. Die Zielvereinbarung muß im Konsens verabschiedet werden. Erzielen Mitarbeiter und Vorgesetzter keine Übereinstimmung, so kann der nächsthöhere Vorgesetzte und/oder der Betriebsrat hinzugezogen werden.

Zielkatalog mit Gewichtungsfaktoren

Unternehmensziel:	Gewichtungs-faktor	+ = –
Bereichs-/Teamziel:		+ = –
Individualziel: z.B.: ■ operatives Ziel ■ Verhaltensziel		+ = –

Quelle: Hay Management Consultants GmbH Frankfurt/Main

Nach Ablauf des vereinbarten Zeitraums – zum Beispiel nach einem Jahr – wird die Zielvereinbarung als Grundlage für die Beurteilung des Mitarbeiters herangezogen. Die Ziele können dann entweder anhand eines Beurteilungsschemas von beiden oder ausschließlich vom Vorgesetzten beurteilt werden. Oder, zweite Möglichkeit: Vorgesetzter und Mitarbeiter diskutieren frei, also ohne vorgegebenes Beurteilungsschema, über die Leistungen und beurteilen sie.

Beschreibung der Zielerreichung

Die Zielerreichungsgrade sind durch

- absolute Zahlen
- relative Zahlen
- Erhöhungen bzw. Reduzierungen
- Termine
- konkrete Beschreibung erwarteter Ergebnisqualität
  - umfassende Analyse
  - wesentliche Einflüsse
  - entscheidungsreifes Konzept
  - mit x + y im Konsens abgestimmt
  - erfolgreiche Umsetzung, Inbetriebnahme

im Konsens zwischen Mitarbeiter und Vorgesetzten festzulegen und zu protokollieren.

Quelle: Hay Management Consultants GmbH Frankfurt/Main)

Das Ergebnis kann in Form eines Punktwertes, einer verbalisierten Bewertungsskalierung oder ebenfalls frei formuliert niedergelegt und in der Personalakte festgehalten werden. Im Verlauf mehrerer Jahre und einer entsprechenden Zahl von Zielbeurteilungen können Mitarbeiter und Vorgesetzter nachvollziehen, wie die individuelle berufliche Entwicklung verlaufen ist. Ob sich beispielsweise durchgängig Schwächen in bestimmten Arbeitsfeldern zeigen oder umgekehrt, ob sich

Stärken herausbilden, die mit Blick auf die weitere berufliche Laufbahn gefördert werden sollten.

Da auch zielorientierte Beurteilungen mit Hilfe eines standardisierten Bewertungsschemas erfolgen können, kann das Ergebnis auch als Grundlage für leistungsbezogene variable Gehaltsanteile genutzt werden. Der Einwand von Kritikern liegt auf der Hand: Dem Verfahren fehle die interne Vergleichbarkeit, damit auch der für eine „gerechte" Bezahlung erforderliche Maßstab (näheres dazu in dem Interview mit dem Managementexperten Ruedy Baarfuss, S. 82 ff.).

Nachfolgend wird schematisch dargestellt, wie die zielorientierte Mitarbeiterbeurteilung konkret abläuft, das heißt, unter welchen Gesichtspunkten die Ziele formuliert werden, wie viele Ziele im betreffenden Jahr verfolgt werden sollten, in welcher Form sie vereinbart werden und wie sie schließlich überprüft werden können.

2.2.1 Acht Schritte zu einer Zielvereinbarung

Am besten läßt sich das zielorientierte Verfahren an einem Beispiel darstellen. Nehmen wir an, ein Finanzdienstleister verfolgt das Ziel, sich von den Mitbewerbern durch überdurchschnittlichen Kundenservice abzuheben. Das ist zunächst ein eher vages Ziel. Anhand des folgenden, acht Schritte umfassenden Schemas wird die Funktionsweise der individuellen Zielvereinbarung zur Erreichung dieses strategischen Ziels dargestellt.

Erster Schritt: Unternehmensziele entwickeln und kommunizieren

Als erstes kommt auf die Unternehmensleitung Arbeit zu: Sie muß das Image des Unternehmens und seine Position im Markt analysieren, muß klären, wo Defizite gegenüber dem

Wettbewerb bestehen und welche Maßnahmen geeignet sind, diese zu beseitigen. Neben Arbeit entstehen auch Kosten. Das Ergebnis muß intern kommuniziert werden.

Wenn die Analyse beispielsweise ergeben hat, daß Defizite im Bereich Kundenorientierung bestehen, daß das Gros der Wettbewerber in diesem Bereich ein deutlich besseres Image hat und daß die bestehenden Kunden des Unternehmens Defizite beklagen, dann kann ein Ziel lauten: Beim nächsten Vergleich der Wettbewerber zum Thema Kundenfreundlichkeit in zwei Jahren will das Unternehmen vom gegenwärtig 15. Platz auf der Rangliste um mindestens fünf Punkte aufsteigen. Dieses Ziel wird im gesamten Unternehmen bekanntgemacht. Jeder einzelne Mitarbeiter erfährt, daß, warum und mit welchen Mitteln dieses strategische Ziel angestrebt wird. Welches Image das Unternehmen in diesem Bereich aktuell hat, welche Relevanz das angestrebte Image für die Branche und für die wirtschaftliche Entwicklung des Unternehmens hat, was das für die Stellung innerhalb des Wettbewerbs und nicht zuletzt für die Sicherheit der Arbeitsplätze bedeutet.

Zweiter Schritt: Herunterbrechen der Unternehmensziele auf die Abteilungen

Die Abteilungsleiter erarbeiten – ggf. zusammen mit ihren Teams – einen Anforderungskatalog für ihre Gruppe. Daraus geht hervor, welche konkreten Leistungen sie in ihrem Arbeitsbereich zukünftig erbringen müssen, um beispielsweise das Unternehmensziel, mehr Kundenservice zu bieten, zu erreichen. Für das Call Center kann das bedeuten, daß die telefonische Erreichbarkeit verbessert werden muß, daß zum Beispiel spätestens nach dem zweiten Klingeln das Telefongespräch angenommen werden muß. Für die Beschwerdeabteilung heißt das, daß die Bearbeitungszeit von Reklamationen von gegenwärtig zehn Tagen auf maximal fünf Tage reduziert werden muß u.s.w.

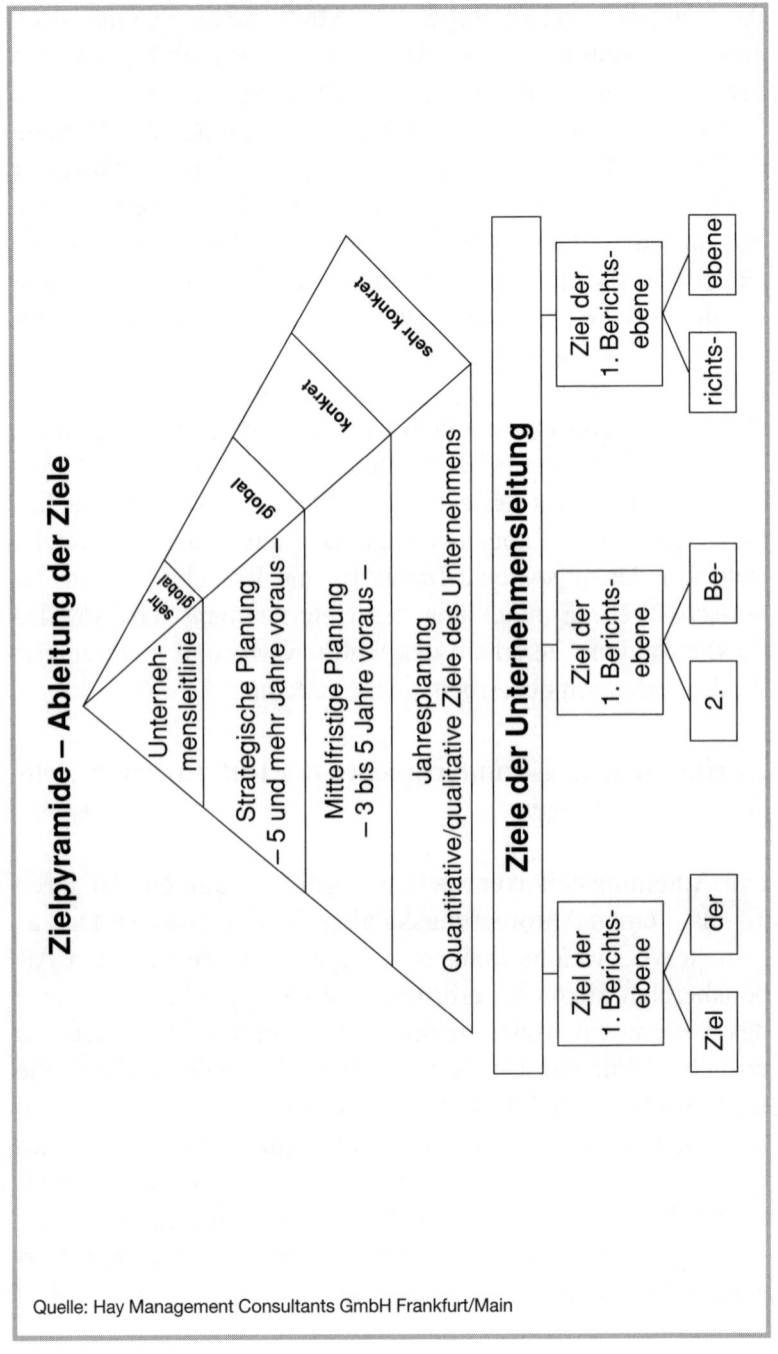

Quelle: Hay Management Consultants GmbH Frankfurt/Main

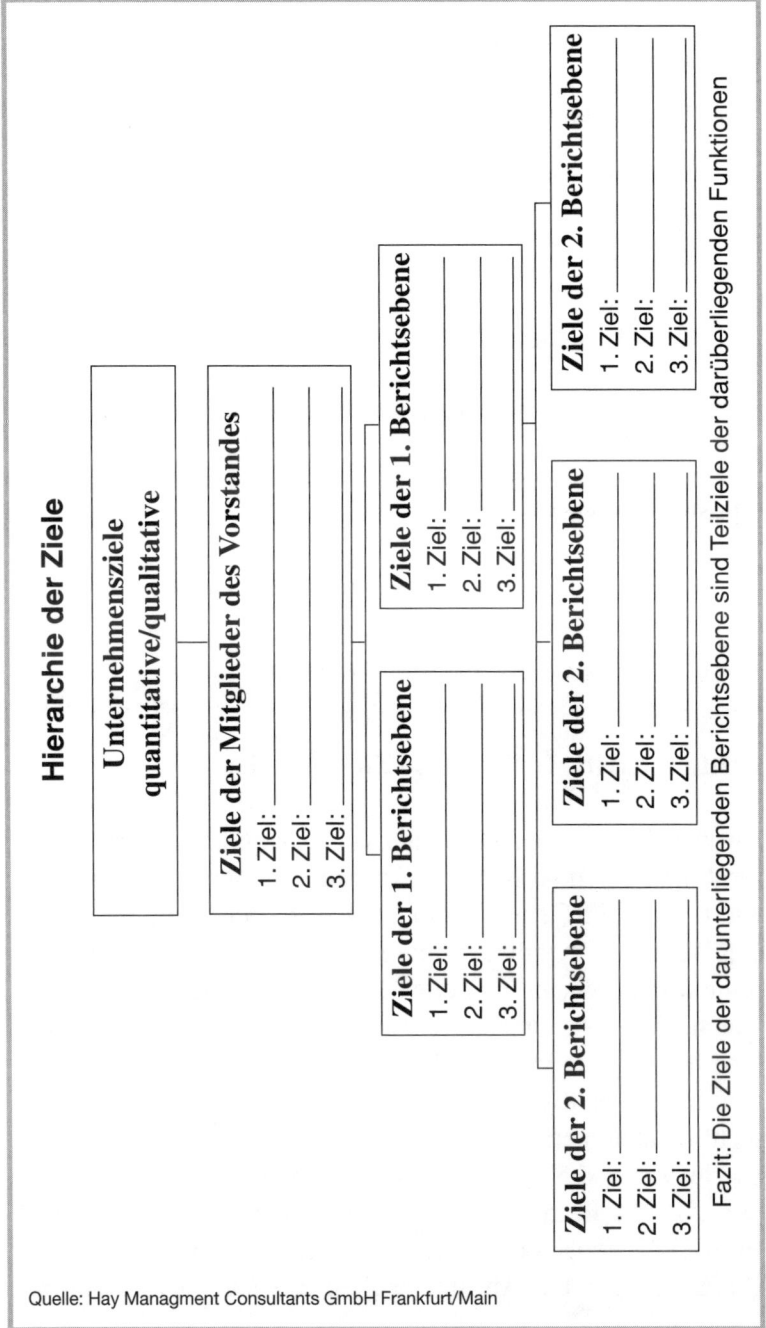

Quelle: Hay Managment Consultants GmbH Frankfurt/Main

Unternehmens- und Individualziel

Die Zielvereinbarung für alle Mitarbeiter enthält sowohl ein

- Unternehmensziel

  als auch

- Individualziele gemäß Leistungsauftrag der Stelle.

Unternehmensziel:

Erreichung des Unternehmensergebnisses (Betriebsergebnis vor Bewertung)

Individualziel:

- Maximal 1 – 4 Einzelziele, jedoch mindestens 1 qualitatives/quantitatives Ziel

Quelle: Hay Management Consultants GmbH Frankfurt/Main

Dritter Schritt: Individuelle Ziele definieren

Auf der Basis des Unternehmensziels „Kundenservice verbessern" und der innerhalb der Abteilung festgelegten Teilziele, wie etwa: Call Center personell stärker besetzen, Beschwerden schneller bearbeiten etc., formuliert jeder Mitarbeiter seine konkreten individuellen Ziele. Eines dieser Ziele kann lauten, daß er schriftliche Kundenanfragen, die er derzeit innerhalb von zehn Tagen bearbeitet, zukünftig innerhalb von vier Tagen erledigen wird. Dieses Ziel plant er in spätestens sechs Monaten erreicht zu haben.

Es gibt Ziele, die sich irgendwann einmal von selbst erledigen (wie z.B. die Einrichtung eines Call Centers). Dagegen gibt es andere, die stetig fortschreiten (wie die Erreichung bestimmter Umsatzzahlen). Die Anzahl der Ziele, die jeder Mitarbeiter mit

Grundsätze „Individuelle Ziele"

1. Die individuellen Ziele sind herausgehobene Aufgabenschwerpunkte neben dem Routinegeschäft.

2. Eine Gewichtung der Einzelziele ist möglich.

3. Sie beinhalten effizienz-/innovationsgetriebene Aufgabenstellungen zur Generierung von Wettbewerbsvorteilen (Wachstumsziele).

4. Sie können auch der Stabilisierung erreichter Ergebnisse dienen (Erhaltungsziele).

5. Sie können Maßnahmen zur Verbesserung der Führung und Zusammenarbeit beinhalten (Personalentwicklungsziele).

6. Sie haben auch langfristigen Charakter (z.B. Unternehmenswertsteigerung) zur Berücksichtigung strategischer Vorhaben.

7. Zur Zielerreichung erforderliche Mittel/Ressourcen sind im Vorwege zu beziffern und unterliegen einer Erfolgskontrolle.

8. Sollten völlig unvorhersehbare oder unplanbare, gravierende Umstände eintreten, die eine Zielerreichung unmöglich machen, so ist die Zielsetzung ausnahmsweise zu korrigieren.

Quelle: Hay Management Consultants GmbH Frankfurt/Main

seinem Vorgesetzten vereinbart, sollte groß genug sein, um das Spektrum der Arbeit abzudecken. Sie sollte klein genug sein, um überschaubar zu bleiben. Bewährt hat sich eine Anzahl zwischen drei und fünf Zielen pro Mitarbeiter und Jahr.

 Achtung: Es ist wichtig, die Ziele sowohl inhaltlich als auch zeitlich so konkret wie möglich zu fixieren. Das erleichtert die spätere Beurteilung.

71

Gütekriterien für Ziele

■ Ziele müssen vertikal und, falls erforderlich, auch horizontal abgestimmt werden.

■ Zielsetzungen und Zielerreichungskriterien müssen

- organisations-, prozeß- und strategieadäquat

- präzise formuliert

- herausfordernd ("mit Anstrengung ...")

- realistisch ("... erreichbar")

- meßbar bzw. bewertbar

„mit angemessener Vorspannung"

vereinbart werden.

Quelle: Hay Management Consultants GmbH Frankfurt/Main)

Vierter Schritt: Umsetzungsplan vereinbaren

Quellen für zu vereinbarende Ziele

■ Das (die) Unternehmens-/ Bereichs-/ Abteilungsziele und seine (ihre) Konsequenzen für die nachfolgenden Ebenen
■ Ungelöste, häufig aufgetretene Vergangenheitsprobleme
■ Maßnahmen zur zukünftigen Effizienzsteigerung bzw. Qualitätsverbesserung
■ Spezifizierte Sonderprojekte und Aktionen
■ Stellenprofile mit den wichtigsten Zuständigkeiten
■ Innovationspotentiale
■ ...

Quelle: Hay Management Consultants GmbH Frankfurt/Main)

Nachdem jeder Mitarbeiter seinen individuellen Zielkatalog mit dem Vorgesetzten abgestimmt und verbindlich vereinbart hat, beschließen beide einen konkreten Umsetzungsplan. Bezogen auf das Beispiel des Finanzdienstleisters kann dieser Plan lauten: Das Team entwickelt im ersten Schritt Formbriefe. Mit deren Hilfe kann die Bearbeitung von Kundenanfragen verkürzt werden, da bei bestimmten Anfragen das bislang praktizierte Abstimmungsverfahren mit dem Vorgesetzten entfällt. Der Mitarbeiter hat zukünftig das Recht, diese Briefe eigenverantwortlich zu versenden. Damit verkürzt sich die Bearbeitungszeit. Außerdem wird durch interne Umorganisation der Hauspostweg verkürzt. Alle im ersten Schritt vereinbarten Maßnahmen werden zunächst für einen Zeitraum von drei Monaten erprobt. Dann werden sie überprüft und ggf. korrigiert.

> **!** Achtung: Die Anzahl der pro Jahr und Mitarbeiter vereinbarten Ziele sollte überschaubar sein. Je größer die Anzahl, desto schwieriger ist es, sie im einzelnen zu verfolgen und zu beurteilen. Je kleiner die Anzahl, desto umfassender sind die einzelnen Ziele und um so schwieriger ist es, sie konkret zu definieren. Nach Einschätzungen vieler Unternehmen, die ein Zielvereinbarungssystem anwenden, hat sich eine Anzahl zwischen drei und fünf Zielen pro Jahr und Mitarbeiter bewährt.

Fünfter Schritt: Ziele laufend überprüfen und ggf. anpassen

Die Zielvereinbarung wird für einen festen Zeitraum (sechs Monate, ein Jahr, zwei Jahre) abgeschlossen. Während dieses Zeitraums müssen Mitarbeiter und Vorgesetzter prüfen, ob die Voraussetzungen für die vereinbarten Ziele noch gegeben sind. Falls sie sich ändern, müssen Sie die Zielvereinbarung den neuen Voraussetzungen anpassen. Wenn also ein Mitar-

73

Zielverfolgung

In regelmäßigen Abständen stimmen sich Vorgesetzter und Mitarbeiter bezüglich der Zielerreichung ab.

Problem	Lösung
Ziele werden vorzeitig erreicht	▪ Vorgesetzter und Mitarbeiter suchen das Gespräch und stimmen sich ab ▪ Ableitung von möglichen Handlungsempfehlungen
Ziele erweisen sich aufgrund außerplanmäßiger, gravierender Störfaktoren als objektiv nicht erfüllbar	▪ Gesprächsaufnahme ▪ Dokumentation sowie Abstimmung des zu erwartenden Ergebnisses im Rahmen der Vorausschau ▪ Abstimmung der Auswirkungen auf andere Beteiligte und Gesamtzielerreichung
Routineaufgaben werden vernachlässigt zugunsten des Einsatzes für die Zielerreichung	▪ Gesprächsaufnahme und Versuch, den Konflikt zu lösen (z.B. Prioritätenverschiebung)
Zielerreichung ist gefährdet	▪ Gesprächsaufnahme ▪ Darstellung der bisher konkret durchgeführten Schritte ▪ Vereinbarung von zusätzlichen Maßnahmen zur Zielerreichung ▪ Unterstützung durch den Vorgesetzten

Quelle: Hay Management Consultants GmbH Frankfurt/Main

beiter, der bislang u.a. für die schriftliche Beantwortung von Kundenanfragen zuständig war, im Laufe des Jahres diesen Bereich an einen Kollegen abgibt und dafür die Auszubildenden betreuen soll, dann muß die Zielvereinbarung entsprechend geändert werden. Auch wenn der Mitarbeiter selbst weitere, zum Zeitpunkt der Zielvereinbarung nicht abzusehende Aufgaben an sich zieht, muß er dafür sorgen, daß sie in den Zielvereinbarungskatalog aufgenommen werden. Es ist Bestandteil des zielorientierten Beurteilungssystems, daß nicht nur der Vorgesetzte, sondern ebenso der Mitarbeiter dafür verantwortlich ist, daß seine Zielvereinbarung noch korrekt ist. Der Mitarbeiter muß also unter Umständen einige Energie und einiges Durchsetzungsvermögen aufwenden, um mit dem Vorgesetzten zusammen die Zielvereinbarung auf dem aktuellen Stand zu halten.

! Achtung: Ein Verfahren zur Mitarbeiterbeurteilung, das auf einer Zielvereinbarung basiert, erfordert sowohl eine hohe Kommunikationsbereitschaft als auch die Fähigkeit, zu kommunizieren. Die Kultur des Unternehmens muß die kritische Debatte zwischen dem Vorgesetzten und dem Mitarbeiter über Ziele zulassen. Mitarbeiter und Vorgesetzter benötigen Zeit und übrigens auch einen ruhigen Platz für das Gespräch.

Sechster Schritt: Die Ergebnisse beurteilen

Nach Ablauf des Zeitraums, in dem die vereinbarten Ziele hätten erreicht werden sollen, nehmen Mitarbeiter und Vorgesetzter eine Soll-Ist-Analyse vor. Welche Ziele wurden erreicht, welche nicht? In welchem Maße wurden sie vom Mitarbeiter umgesetzt? Mit welchen Mitteln? Warum wurden bestimme Ziele nicht oder nicht in dem erwarteten Maße erreicht?

75

Die Gesprächstechnik

Richtig zuhören

- Aussagen zusammenfassen und wiedergeben
- Argumente sachlich prüfen
- Ausreden lassen
- Blickkontakt halten
- Sprachliche und nicht-sprachliche Signale verwenden

Richtig reden

- Einfache, kurze Sätze verwenden
- Möglichst keine Fremdwörter, Fachausdrücke erläutern
- Sachverhalt logisch gliedern
- Auf das Wesentliche beschränken
- Beispiele verwenden
- Konsequenzen aufzeigen
- Persönliche Wertungen klar kennzeichnen
- Nach alternativen Leistungsansätzen suchen
- Offene Fragen stellen
- Direkte Fragen stellen
- Nicht vom Thema abschweifen

Quelle: Hay Management Consultants GmbH Frankfurt/Main)

Diese Beurteilung kann auf verschiedene Weise ablaufen. Möglichkeit 1: Der Vorgesetzte nutzt ein Bewertungsschema, das Formulierungen für die möglichen Bewertungsstufen vorgibt.

Nehmen wir an, das vereinbarte Ziel lautet: „Der Mitarbeiter führt ein computergestütztes Lohn- und Gehaltssystem für die Mitarbeiter im Bereich Lager und Auslieferung bis zum Ende des laufenden Geschäftsjahres ein." Dieses Ziel kann dann beispielsweise anhand einer dreistufigen Bewertungsskala beurteilt werden: 1. Übererfüllt, 2. erfüllt, 3. nicht erfüllt. Diese drei Stufen sind folgendermaßen definiert:

Zielerreichungskriterien

Individualziel (Beispiel):

Das Ziel ist die Einführung eines neuen (SAP-gestützten) ... Gehaltssystems für die ... im Geschäftsjahr ...

Die Zielerreichung ist übererfüllt, wenn: (+)

▪ Per ... zusätzlich die ...abrechnung und die ...buchhaltung 100% funktionsfähig für den Praxisbetrieb zur Verfügung stehen.

Das Ziel ist erreicht, wenn: (=)

▪ per ... nachfolgendes mit ... abgestimmtes Pflichtenheft für
  • ... abrechnung
  • ... Buchhaltung
  • ... System
  zur Genehmigung durch den ... vorliegt.
▪ Per ... die 100%ige Altdatenübernahme aus dem ... in das neue ... System erfolgt ist.
▪ Per ... die neue ... (Kernsystem) 100% funktionsfähig für den Praxisbetrieb zur Verfügung steht.

Die Zielerreichung ist verfehlt, wenn: (–)

▪ Das Pflichtenheft erst zum ... zur Genehmigung vorliegt.

Quelle: Hay Management Consultants GmbH Frankfurt/Main)

1. Das Ziel ist übererfüllt, wenn bis zum Ende des Geschäftsjahres das Programm auch für die Beschäftigten im Außendienst läuft.
2. Das Ziel ist erreicht, wenn das System bis zum Ende des Geschäftsjahres eingerichtet ist und den Probelauf erfolgreich bestanden hat, wenn die Abrechnung für sämtliche

der obengenannten Mitarbeiter über das neue Programm erfolgt und das Programm soweit entwickelt ist, daß eine Ausweitung auf andere Abteilungen möglich ist.

3. Das Ziel ist nicht erreicht, wenn der Probelauf für die obengenannte Abteilung nicht erfolgreich war und das Abrechnungsverfahren nicht termingerecht zum Ende des Geschäftsjahres eingeführt werden kann.

Die Beurteilung läuft in diesem Fall ähnlich wie die Beurteilung bei den merkmalsorientierten Verfahren ab. Die Basis allerdings ist gänzlich verschieden: Bei den Merkmalen handelt es sich um einheitlich geltende Anforderungen für alle Mitarbeiter. Dagegen werden die Ziele individuell mit jedem Mitarbeiter vereinbart.

Möglichkeit 2: Das Unternehmen verzichtet auf eine standardisierte Form der Beurteilung. Statt dessen legen Mitarbeiter und Vorgesetzter jeweils schriftlich eine Einschätzung darüber vor, inwieweit die Ziele erreicht worden sind. Diese beiden Einschätzungen dienen als Grundlage für ein gemeinsames Gespräch. Ziel dieses Gesprächs ist es, Konsens über die jeweilige Einschätzung zu erzielen. Der Vorgesetzte schreibt dann auf der Basis dieses Gesprächs eine Beurteilung.

Siebter Schritt: Nach Ursachen forschen

Zielorientierte Beurteilungsverfahren dienen der systematischen individuellen Führung von Mitarbeiten. Das bedeutet: Die Ergebnisse der Beurteilung müssen unmittelbar nutzbar sein für die zukünftige Arbeit des Mitarbeiters, für seinen Einsatz, für mögliche Qualifizierungsmaßnahmen oder Positionen im Team. Deshalb kommt der Analyse der Frage, warum bestimmte Ziele nicht oder nur unzureichend erreicht wurden, eine entsprechend große Bedeutung zu. Um zu veranschaulichen, wie diese Analyse ablaufen kann, nehmen wir wieder das Beispiel des Finanzdienstleisters: Der Mitarbeiter wollte laut Zielvereinbarung die Bearbeitungszeit von Kundenanfragen von zehn auf vier Tage reduzieren. Faktisch ist ihm aber nur eine Verkürzung der Bearbeitungszeit auf sechs Tage gelungen. Vorgesetzter und Mitarbeiter diskutieren deshalb die Ursachen. Beispielsweise könnte der Grund für das Verfehlen des Ziels darin liegen, daß das Schreibsystem für die Formbriefe nicht rechtzeitig installiert wurde, oder daß der Vorgesetzte entgegen der Absprache die Briefe doch vorgelegt bekommen wollte. Die Gründe für das Verfehlen des Ziels lägen dann nicht beim Mitarbeiter. Das wird entsprechend protokolliert. Es könnte auch sein, daß sich der Mitarbeiter überschätzt hat, daß er zwar selbst vorgeschlagen hatte, die Briefe eigenverantwortlich ohne Rücksprache mit dem Vorgesetzten zu versenden, daß er sich dann aber fachlich dazu nicht ausreichend qualifiziert sah und sie deshalb doch vorgelegt hat, und damit den selbst gesteckten Zeitrahmen überschritten hat. Dann könnte ein Ergebnis des Gesprächs darin bestehen, mit dem Mitarbeiter entsprechende Qualifizierungsmaßnahmen zu vereinbaren.

> **!** Achtung: Als praktikabler Zeitraum für eine Zielvereinbarung hat sich ein Jahr bewährt. Das ist lang genug, um anvisierte Ziele erreichen und Leistungen stabil halten zu können, aber nicht zu lange, so daß die meisten der vereinbarten Ziele nicht mehr relevant und durch neue ersetzt worden sind.

Achter Schritt: Die Karriere planen

Das Ergebnis einer zielorientierten Beurteilung wird für unmittelbar einzuleitende Maßnahmen (Qualifizierungen, Übernahme weiterer Aufgaben etc.) genutzt. Und es dient der mittelfristigen Karriereplanung des Mitarbeiters. Er formuliert die Ziele, die er mittelfristig in der Abteilung beziehungsweise im Unternehmen anstrebt, diskutiert sie mit dem Vorgesetzten, und beide vereinbaren gegebenenfalls einen persönlichen Zeit- und Entwicklungsplan, um diese Ziele zu erreichen.

Tips für die Gesprächsführung

▨ Vorgesetzter zum Mitarbeiter:	„Nun akzeptieren Sie doch endlich diese Orientierungsgröße!"
Besser:	„Anscheinend haben Sie noch Bedenken. Was könnte uns bei der Umsetzung dieser Orientierungsgröße aus Ihrer Sicht noch behindern?"
D.h.:	Formulierungen benutzen, die nicht als „Zieldiktate von oben" die Akzeptanz und Identifikation des Zielpartners zerstören
▨ Vorgesetzter zum Mitarbeiter:	„Es tut mir außerordentlich leid, daß Sie dieses wichtige Ziel, was recht einfach zu erreichen gewesen wäre, leider völlig verfehlt haben!"
Besser:	„Das wichtige Ziel ist nur zu 80% erreicht worden. Wo sehen Sie die Ursachen?"
D.h.:	Formulierungen benutzen, die den Gesprächspartner bei der Problemlösung miteinbeziehen
▨ Vorgesetzter zum Mitarbeiter:	„Mit diesem Problem müssen Sie selber fertig werden. Dafür werden Sie schließlich großzügig bezahlt!"

Besser:	„Vielleicht wäre es ja ein Ansatz, zunächst mit einer repräsentativen Stichprobe anzu-fangen und nicht gleich mit der Vollerhe-bung."
D.h.:	Formulierungen benutzen, die die Persön-lichkeit des Gegenübers respektieren und echte Hilfestellung bei der Problemlösung geben
▣ Vorgesetzter zum Mitarbei-ter:	„Inhaltlich wunderbar, was Sie vorgeschla-gen haben, aber nichts für die Praxis!"
Besser:	„Ein interessanter Gedanke. Wie die genaue Umsetzung aussieht, kann ich mir im Moment noch nicht genau vorstellen. Helfen Sie mir!"
D.h.:	Formulierungen benutzen, die nicht als „Kil-lerargumente" Gespräche abwürgen

Quelle: Hay Management Consultants GmbH Frankfurt/Main

2.2.2 Ein Schema ist noch kein konkreter Weg

Mit den vorgestellten acht Schritten wurde sehr schematisch dargestellt, wie eine Zielvereinbarung getroffen werden kann, worauf man achten sollte und wie mögliche Beurteilungen aussehen können. Die Darstellung macht auch die wesentlichen Unterschiede zwischen einer an Merkmalen orientierten und einer auf Zielvereinbarung basierenden Beurteilung deutlich. Die Frage, mit welcher Verfahrensart, mit welchem Grundmodell also ein Unternehmen besser bedient ist, läßt sich pauschal nicht beantworten. Leichter anzuwenden sind merkmalsorientierte Beurteilungsverfahren. Sie erfordern im allgemeinen auch weniger Zeit und stellen an die Kommunikationsfähigkeiten der Führungskraft geringere Anforderungen als ein an Zielen orientiertes Verfahren. Das bietet dafür eine individuelle Förderung und ist deshalb für Unternehmensberater und für immer mehr Personalchefs das modernere und effizientere Instrument der Mitarbeiterführung. Eine prononcierte Meinung zur Frage der Qualität beider Verfahren hat Managementexperte Ruedy Baarfuss. Im folgenden Gespräch erläutert er seine Meinung.

Vor- und Nachteile einer Zielvereinbarung

- Es ist ein individuelles, kein standardisiertes Verfahren.
- Es fördert die Kommunikation im Unternehmen.
- Es beinhaltet konkrete Hilfen zur Leistungsverbesserung.
- Es verdeutlicht die Verantwortung jedes einzelnen Mitarbeiters für den Erfolg des Unternehmens.

- Das System erlaubt keine gruppenübergreifenden Leistungsvergleiche.
- Es erscheint weniger objektiv.
- Es bedeutet einen hohen Zeitaufwand.
- Die Beteiligten müssen ein hohes Maß an Kommunikationsfähigkeit mitbringen.

2.3 Nicht Menschen, sondern Ziele beurteilen: Interview mit dem Managementberater Ruedy Baarfuss

Subjektivität/Führen mit Zielen/Wertewandel im Management

Beide Verfahren zur Mitarbeiterbeurteilung, das an Merkmalen orientierte und das an Zielen ausgerichtete, haben ihre Befürworter. Erstere verweisen auf die leichte Anwendbarkeit, auf eine unterstellte Objektivität der Beurteilung und darauf, daß das Verfahren gerecht sei. Weil diese Argumente auf den ersten Blick einleuchtend erscheinen, fragten wir Ruedy Baarfuss, einen ausgewiesenen Experten und Kritiker von merkmalsorientierten Beurteilungsverfahren, warum er dieses Verfahren ablehnt. Ruedy Baarfuss ist seit vielen Jahren am Management Zentrum St. Gallen tätig und erfahren in der Beratung von Unternehmen, die ihre Mitarbeiter systematisch beurteilen möchten. Mit seiner Meinung über merkmalsorientierte Verfahren hält er nicht hinterm Berg. In zahlreichen Aufsätzen hat er seine Kritik an den, wie er schreibt, „dürftigen Beurteilungsverfahren" vor allem in Deutschland deutlich gemacht. Auch in dem nachfolgend abgedruckten Interview macht er aus seiner ablehnenden Haltung gegenüber den sogenannten klassischen und in Deutschland noch weit verbreiteten Verfahren keinen Hehl.

Angenommen, ein Unternehmen plant die Einführung eines Mitarbeiterbeurteilungssystems. Würden Sie dann grundsätzlich von einem merkmalsorientierten Verfahren abraten? Oder hängt die Wahl des Verfahrens auch ab von den Gegebenheiten des Unternehmens?

Baarfuss: Wir lehnen eine merkmalsorientierte Beurteilung grundsätzlich ab. Erstens, weil es in der Wirtschaft grundsätzlich um das Erreichen von Resultaten (hier sind nicht nur Zahlenresultate gemeint!) geht. Hier muß auch konsequent in diesem Bereich gehandelt werden. Zweitens: Ich spreche fundiert ausgebildeten Menschen – und hier meine ich eine psychologische Ausbildung – nicht das Recht und das Können ab, Menschen zu beurteilen. Aber was jeder kann, ist, eine Sache zu beurteilen. Deshalb geht es darum, klar kontrollierbare – und nicht nur meßbare – Ziele, auch im Verhaltensbereich, zu formulieren, die man dann auch sauber beurteilen kann. Wie Sie wissen, ist jede Beurteilung subjektiv. Nur ist es einfacher und weniger subjektiv, wenn ich mich auf ein Ziel, eine Sache, und nicht auf den Menschen konzentriere. Zudem kennen Sie ebenfalls die Regeln der Kommunikation. Information entsteht beim Empfänger. Das bedeutet, daß auch hier natürlich unter einem Merkmal jeder wieder etwas anderes versteht. Wenn ich aber vorab saubere, klar kontrollierbare Ziele definiere, dem Mitarbeiter auch bereits bei der Zielvereinbarung mitteile, was genau ich am Ende der Periode beurteile, dann kann sich der Mitarbeiter auch darauf einrichten. Das bedeutet Fairness; das schafft Vertrauen. Bei Merkmalen ist das nicht gegeben. Entscheidend ist, daß das Unternehmen auch auf solche Zusammenhänge aufmerksam gemacht wird. Es gibt fast kein Unternehmen mehr, das nicht den Prozeß „Führen mit Zielen" im Hause anwendet. Wenn man das will, dann muß man auch weiter konsequent handeln und nicht Menschen, sondern Ziele beurteilen. Es gilt der Grundsatz: Beurteile nicht, wie einer ist, sondern was er erreicht hat. Leider ist es so, daß viele meinen, daß sie ohne weiteres in der Lage seien, psychologische Verfahren einzusetzen. Welchen Schaden man damit aber anrichten kann (bei nicht fachgerechtem Vorgehen), darüber wird selten Rechenschaft abgelegt.

In Ihrem Aufsatz „Die Mitarbeiterbeurteilung. Von der willkürlichen Einschätzung zu mitarbeiterspezifischen Beurteilungsmaßstäben" sagen Sie, daß ein an Merkmalen orientiertes Verfahren überwiegend für Angestellte in der unteren und mittleren Hierarchieebene angewendet wird, zielorientierte Verfahren dagegen bei Führungskräften zum Einsatz kommen. Worin sehen Sie die Gründe für diesen Unterschied?

Baarfuss: Ganz einfach: Weil in vielen Unternehmen der Prozeß „Führen mit Zielen" nur auf diesen Ebenen eingeführt ist und man meint, auf unteren Ebenen könne man keine sinnvollen konkreten Ziele vereinbaren. Die ganze Kunst liegt darin, zuerst eindeutige, klar kontrollierbare Ziele zu formulieren, die sich sowohl aus den strategischen Überlegungen, als auch aus dem normalen Aufgabengebiet ableiten lassen. Dies wird leider sehr oft nicht gemacht und auch nicht entsprechend geübt. Zudem kommt in Deutschland und Österreich dazu, daß viele Tarifwerke auf Gleichmacherei beruhen – es spielt beim Tarif selten eine große Rolle, ob ich viel und gut oder wenig und schlecht arbeite, ich bekomme immer das gleiche. Hier sind die Gewerkschaften aufgefordert, endlich auch auf dieser Ebene Bereitschaft zur Veränderung zu zeigen. Die Zeiten, in denen man mit der Gaussschen Verteilung argumentieren konnte, sind endgültig vorbei.

Halten Sie eine Kombination aus merkmalsorientiertem und zielorientiertem Beurteilungsverfahren für möglich und sinnvoll?

Baarfuss: Möglich ist das, ich halte es aber nicht für sinnvoll. Ich denke, nötig ist auch eine Konsistenz der Aussagen. Ich kann nicht etwas verlangen – Stichwort Resultatorientierung – und dann anders handeln. Dies fördert nicht unbedingt das Vertrauen.

In Ihrem Aufsatz stellen Sie fest, daß in den USA zielorientierte Beurteilungsverfahren erheblich stärker verbreitet sind als etwa in Deutschland. Sehen Sie Anhaltspunkte dafür, daß die Entwicklung in Deutschland ebenfalls hin zu zielorientierten und weg von merkmalsorientierten Verfahren geht?

Baarfuss: Als Berater habe ich mit vielen, auch renommierten Unternehmen zu tun. Wenn man den Verantwortlichen einmal aufzeigt, was man konkret will und wie die Verzahnung von Führen mit Zielen und der Beurteilung ist, kann man leicht überzeugen. Es ist auch für die Führungskraft wesentlich einfacher und ehrlicher, über die Sache und nicht über den Menschen zu reden. Es erfordert „nur" etwas Konsequenz im Handeln. In der Praxis zeigt sich eben, daß die merkmalsorientierten Verfahren nicht oder zumindest selten gut funktionieren. Wenn dann andere Varianten vorgestellt werden, ist es leicht zu überzeugen. Dazu kommt der Wertewandel im Management, das das Verhältnis von Chef zu Mitarbeiter mehr als partnerschaftliches Verhältnis und nicht mehr als diese Oben-unten-Situation sieht.

2.4 Beurteilung als Basis für die Karriereplanung

Bringschuld/mittelfristige Karriereplanung/verbindliche Zusagen

Die Ergebnisse einer Mitarbeiterbeurteilung können unmittelbare Konsequenzen haben, beispielsweise indem Qualifizierungsmaßnahmen veranlaßt oder ein Bonus für überdurchschnittliche Leistungen gezahlt werden. Darüber hinaus nutzen Unternehmen die Ergebnisse auch zu einer längerfristig angelegten Personalentwicklung. Wie das zum Beispiel bei einem Mineralölkonzern gehandhabt wird, schildert Wolf-Rüdiger Grohmann, Manager bei BP Deutschland. Die systematische Leistungsbeurteilung, so Grohmann, sei für den größten Teil der Mitarbeiter im Unternehmen obligatorisch. Sie erfolge einmal im Jahr nach einem standardisierten Verfahren. Das Ergebnis komme in die Personalakte. Zusätzlich ist es jedem Mitarbeiter freigestellt, im Abstand von drei Jahren mit seinem Vorgesetzten ein Personalentwicklungsgespräch zu führen. Die Initiative zu diesem Gespräch muß vom Mitarbeiter ausgehen. Damit, so Grohmann, zeige der Mitarbeiter, daß er ein ernsthaftes Interesse an seinem beruflichen Weiterkommen habe.

Inhalt des Personalentwicklungsgesprächs sollten die beruflichen Ambitionen des Mitarbeiters sein. „Es kann beispielsweise sein, daß eine Sekretärin ihren Job hervorragend erledigt und entsprechend gute Beurteilungen erhält. Daß sie diesen Job allerdings nicht bis zum Ende ihres Berufslebens ausüben, sondern sich weiterentwickeln will", erläutert Grohmann. In diesem Fall müsse sie ihrem Vorgesetzten ihre Vorstellungen hinsichtlich eines neuen Aufgabengebietes mitteilen. Der schätze dann ein, ob und in welchem Bereich innerhalb des Unternehmens eine entsprechende Stelle vakant wird, welche dafür notwendigen Qualifikationen die Mitarbeiterin benötigt, über welche sie bereits verfügt und für welche sie unter Umständen Seminare besuchen sollte. „Es kann auch sein, daß der Vorgesetzte seiner Mitarbeiterin im Rahmen der täglichen Arbeit neue Aufgaben zuteilt, etwa vor einer Gruppe von Mitarbeitern Arbeitsergebnisse zu präsentieren oder ähnliches – eben Aufgaben, die sie auf die zukünftige Arbeit vorbereiten sollen", sagt Grohmann.

Ebenso wie die Leistungsbeurteilung werden auch diese Personalentwicklungsgespräche schriftlich festgehalten. Sie beinhalten unter anderem die verbindliche Zusage über Qualifizierungsmaßnahmen des Mitarbeiters und über Leistungen, die er dazu erbringen muß.

Etliche, vor allem große Unternehmen haben solche Personalentwicklungsgespräche fest institutionalisiert. Sie dienen dazu, qualifizierte Mitarbeiter an das Unternehmen zu binden, indem sie ihnen Perspektiven für die weitere berufliche Karriere aufzeigen. Sie haben außerdem die Funktion, den Einsatz des vorhandenen Personals optimal zu steuern. „Wenn ich als Vorgesetzter frühzeitig das Signal bekomme, daß Mitarbeiter X in den kommenden fünf Jahren nicht ins Ausland gehen will, weil dann seine beiden Kinder Abitur machen, kann ich mich bei meiner Projektplanung entsprechend darauf einstellen", erläutert Wolf-Rüdiger Grohmann. Das Gespräch beziehe also auch die persönliche Lebensplanung des Mitarbeiters ein. Offenheit schaffe ein gutes Klima für die Zusammenarbeit. „Wenn ich die persönlichen Gründe meines Mitarbeiters, aus denen er bestimmte Aufgaben vorläufig nicht übernehmen kann und will, kenne, werde ich ihn damit nicht weiter unter Druck setzen, sondern kann gezielt nach einem anderen geeigneten Mitarbeiter für den Job suchen", sagt Grohmann.

2.5 Beurteilung von Teams

Ausgrenzung/Kompetenz/Defizite

Die bisher vorgestellten Verfahren zur Mitarbeiterbeurteilung haben eine Gemeinsamkeit: Sie finden alle bilateral statt. Teilnehmer sind der Vorgesetzte und der Mitarbeiter. Gegenstand des Gesprächs ist die Einzelleistung des Mitarbeiters. Im folgenden wird nun ein Verfahren vorgestellt, mit dem die Leistung eines ganzen Teams beurteilt werden kann. Dieser Aspekt gewinnt zunehmend an Bedeutung, da immer mehr Unternehmen ihre Hierarchie verflachen und die Arbeit von Teams oder Gruppen aufwerten.

Das Verfahren, das der Psychologe Christoph Nagler dazu verwendet, basiert auf einem ähnlichen Schema wie eine individuelle Zielvereinbarung: Das Unternehmen analysiert seine Position am Markt, ermittelt Defizite und entwickelt einen Katalog der Ziele, die es mittelfristig erreichen will. Diese Ziele werden zusammen mit dem Ergebnis der Analyse im gesamten Unternehmen kommuniziert. Im nächsten Schritt entwickelt und formuliert jedes Team zunächst intern, später mit seinem Vorgesetzten die Ziele, die es in einem definierten Zeitraum erreichen will und muß. Die Diskussion findet zunächst gruppenintern statt. Das sei wichtig, so Nagler, damit die auf einer Hierarchieebene arbeitenden Gruppenmitglieder ohne Druck eines Ranghöheren Konsens über Motivation, Kompetenz und Defizite erzielen. Außerdem soll die Gruppe erst einmal ohne den Vorgesetzten ihre Ziele definieren können. Unter Umständen sollte das Unternehmen überlegen, ob nicht ein externer Berater eine solche Diskussionsrunde zielgerichteter moderieren kann.

In der darauf folgenden Diskussion mit dem Vorgesetzten trifft die Gruppe mit ihm eine verbindliche Vereinbarung. Darin verpflichtet sich jedes einzelne Teammitglied vor der gesamten Gruppe zur Übernahme bestimmter Aufgaben. Nach Ablauf des vereinbarten Zeitraums, in dem die Ziele erreicht worden sein sollen, trifft sich das Team mit dem Vorgesetzten zum Beurteilungsgespräch. Konsequenzen des Beurteilungsergebnisses – etwa das Bemessen variabler Gehaltsanteile – betreffen das Team als Ganzes, nicht einzelne Mitarbeiter. Das bedeutet u.a., daß die Kontrolle innerhalb der Gruppe zunimmt.

Das kann dazu führen, daß leistungsschwache Teammitglieder einen schwereren Stand haben als bei individuellen Beurteilungsverfahren. Es kann sein, daß das Team versucht, sie unter Druck zu setzen oder auch herauszudrängen. Die möglichen Auswirkungen auf das interne Arbeitsklima und auf das Arbeitsergebnis können vom Vorgesetzten gewünscht, sie müssen in jedem Fall einkalkuliert und beobachtet werden. Der Teamleiter muß also in der Lage sein, steuernd einzugreifen, wenn unerwünschte Gruppenprozesse – etwa das „Mobben" leistungsschwacher Teammitglieder – eskalieren.

So könnte ein Formular aussehen, mit dem sich Vorgesetzte und Mitarbeiter auf die erste Sitzung vorbereiten:

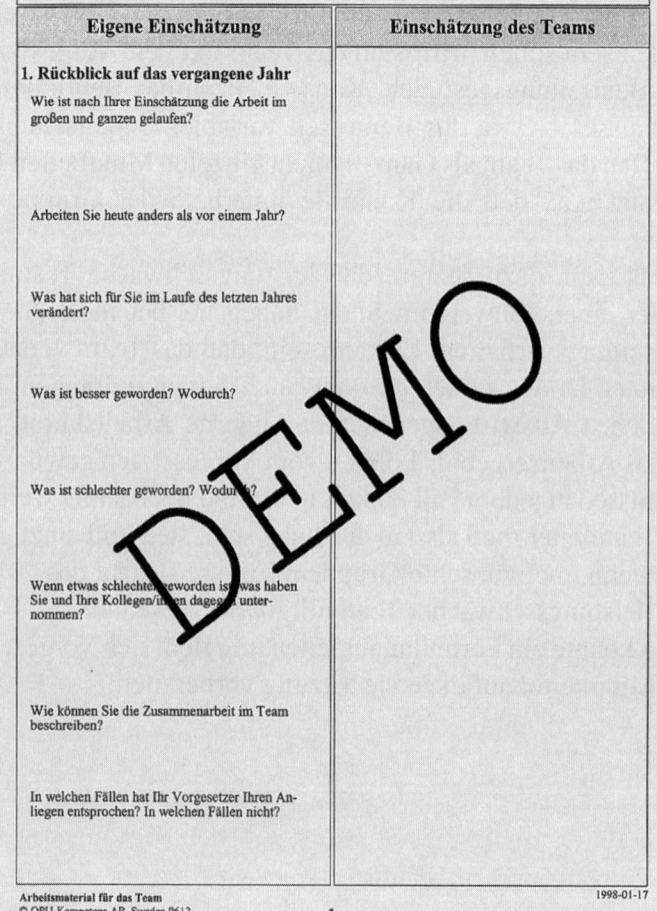

Aufgabe vor der ersten Sitzung

Beantworten Sie die Fragen zunächst allein. Notieren Sie Ihre persönlichen Beurteilungen in der linken Spalte. Anschließend soll das Team zu einer gemeinsamen Einschätzung kommen. Wir werden die Ergebnisse in der ersten Sitzung besprechen.

Eigene Einschätzung	Einschätzung des Teams
1. Rückblick auf das vergangene Jahr Wie ist nach Ihrer Einschätzung die Arbeit im großen und ganzen gelaufen?	
Arbeiten Sie heute anders als vor einem Jahr?	
Was hat sich für Sie im Laufe des letzten Jahres verändert?	
Was ist besser geworden? Wodurch?	
Was ist schlechter geworden? Wodurch?	
Wenn etwas schlechter geworden ist, was haben Sie und Ihre Kollegen/innen dagegen unternommen?	
Wie können Sie die Zusammenarbeit im Team beschreiben?	
In welchen Fällen hat Ihr Vorgesetzer Ihren Anliegen entsprochen? In welchen Fällen nicht?	

Arbeitsmaterial für das Team
© OPU-Kompetens AB, Sweden 9612

1998-01-17

1

Quelle: CNT, Gesellschaft für Personal- und Organisationsentwicklung, Hamburg

Nachfolgend wird das Verfahren von Zielvereinbarungen mit Teams in zehn Schritten dargestellt:

1. Schritt: Unternehmensziele festlegen

Die Unternehmensleitung formuliert die für das Gesamtunternehmen relevanten Ziele, die innerhalb eines definierten Zeitraums erreicht werden sollen. Je konkreter, desto besser. Die Mitarbeiter werden über diese Ziele informiert.

2. Schritt: Erste Teamsitzung

Der Teamleiter informiert sein Team über das Verfahren: Das Team muß auf der Basis der Unternehmensziele seine Ziele festlegen. Es muß außerdem klären, welche Maßnahmen dazu erforderlich sind. Jedes Teammitglied erhält dazu Arbeitsmaterialien.

3. Schritt: Fragebogen

Jedes Teammitglied erhält einen Fragebogen mit Fragen zu den Bereichen Zusammenarbeit, Führungsverhalten, Arbeitsinhalte etc.

4. Schritt: Teamsitzung ohne Teamleiter

Auf der Basis der ausgefüllten Fragebögen erarbeitet das Team eine gemeinsame Einschätzung der Ist-Situation. Einzige Aufgabe des Teamleiters in diesem Stadium ist, dafür zu sorgen, daß das Team die notwendigen Rahmenbedingungen (Raum und Zeit) für dieses Treffen hat.

5. Schritt: Checkliste für den Teamleiter

Mittels einer Checkliste erarbeitet der Teamleiter sein Feedback an das Team, seine Einschätzung der aktuellen Situation, die strategischen Ziele, die Anforderungen und seine Erwartungen an das Team.

6. Schritt: Gemeinsame Sitzung

Team und Teamleiter tauschen ihre jeweiligen Ergebnisse (Einschätzung der aktuellen Situation, der Vergangenheit, der Erwartungen für die Zukunft) aus. Ziel der Diskussion ist es, zu einer gemeinsamen Einschätzung und Zielformulierung zu gelangen.

7. Schritt: Motivations- und Kompetenzanalyse

Jeder Mitarbeiter legt fest, welche konkreten Aufgaben er persönlich übernehmen will, um damit zum Erreichen der Teamziele beizutragen, und welche Qualifizierungsmaßnahmen, personelle oder technische Unterstützung er gegebenenfalls dazu benötigt. Dazu erhält jedes Teammitglied ein Formblatt. Anschließend nimmt das gesamte Team eine Motivations- und Kompetenzanalyse vor, d.h. das, was zuvor jedes Teammitglied für sich analysiert und entschieden hat, wird jetzt auf Teamebene diskutiert und vereinbart. Die individuelle und die Teamanalyse müssen auf der Basis der vorgegebenen Unternehmensziele erfolgen.

8. Schritt: Gemeinsame Sitzung

Team und Teamleiter diskutieren die zum Erreichen der Ziele notwendigen Maßnahmen; Ergebnis ist ein Maßnahmenkatalog, dessen Inhalte und Zeitrahmen verbindlich vereinbart werden. Es wird ein Mitglied des Teams benannt, das für die Umsetzung der Maßnahmen (Qualifizierung etc.) verantwortlich ist.

9. Schritt: Realisierung

Das Team arbeitet entsprechend den getroffenen Vereinbarungen. Aufgabe des Teamleiters ist die kontinuierliche Betreuung, Kontrolle und gegebenenfalls Intervention. Sofern eine Veränderung der Ziele erforderlich ist oder sich die Zusammensetzung im Team verändert, greift der Teamleiter ein. Gegebenenfalls wird die Zielvereinbarung ergänzt oder korrigiert.

10. Schritt: Individuelle Vereinbarungen

Falls Ziele und Maßnahmen nur mit einzelnen Teammitgliedern vereinbart werden sollen, werden diese in einem gesonderten Verfahren diskutiert und festgeschrieben.

Das hier nur grob skizzierte Verfahren ist unter dem Namen „Pevit" im Handel. (Informationen erhältlich über CNT, Gesellschaft für Personal- und Organisationsentwicklung.)

Die nachfolgend abgebildete Checkliste liefert eine Übersicht über die relevanten Punkte, die bei der Beurteilung von Teams beachtet werden sollten:

CHECKLISTE für Zielvereinbarungen mit dem Team

Team:

Termin der Einführungs-
veranstaltung:

Termin der
erste Sitzung:

Termin der
zweite Sitzung:

Namen der Mitarbeiter des Teams:

VOR DER EINFÜHRUNGSVERANSTALTUNG:

- ☑
- ☐ Einladung an die Mitarbeiter.
- ☐ Einleitung und Präsentation vorbereiten.
- ☐ Gruppengröße in Ordnung?
- ☐ „Aufgabe vor der ersten Sitzung" kopieren.

VOR DER ERSTEN SITZUNG:

- ☑
- ☐ Über die Zukunftspläne nachdenken. Die Ziele, Anforderungen und Erwartungen formulieren.
- ☐ Präsentation der Ziele, Anforderungen und Erwartungen vorbereiten.
- ☐ Schlüsselaufgaben und neue Arbeitsaufgaben definieren.
- ☐ Rückmeldung an das Team vorbereiten.
- ☐ Präsentation der „Motivations- / Kompetenz-Analyse vorbereiten. Die Unterlagen kopieren.

VOR DER ZWEITEN SITZUNG:

- ☑
- ☐ Kurze Zusammenfassung von der ersten Sitzung vorbereiten.
- ☐ Stellen Sie fest, welche Änderungen Sie in der Aufgabenverteilung sinnvoll finden, welche Entwicklungsbedarfe Sie selbst bei dem Team sehen und über welche Ressourcen Sie verfügen.
- ☐ Gibt es Fragen aus der ersten Sitzung?

NACH DER ZWEITEN SITZUNG:

- ☑
- ☐ *Punkte gemäß Entwicklungsprogramm erledigen:*
  _____
  _____
  _____
- ☑
- ☐ **Maßnahmen umsetzen!**
- ☐ **Fortlaufende Kontrolle und Bewertung der Umsetzung!**

DEMO

Arbeitsmaterial der Führungskraft
© OPU-Kompetens AB, Sweden 9612

1998-01-17

Quelle: CNT, Gesellschaft für Personal- und Organisationsentwicklung, Hamburg

3   Den Chef beurteilen

Im ersten Kapitel wurden die Ziele einer systematischen Mitarbeiterbeurteilung benannt sowie die Instrumente, um diese zu
erreichen, diskutiert. Das zweite Kapitel stellte zwei Grundmo-
delle von Beurteilungsverfahren vor, außerdem Möglichkeiten
der standardisierten bzw. freien Beurteilung, die Weiterführung
der Beurteilung zu einem Instrument der Personalentwicklung
und schließlich die Beurteilung von Teams.

Im vorliegenden dritten Kapitel geht es um die Frage, wer
von wem beurteilt wird. Die gewohnte Beurteilungsrichtung
ist die von oben nach unten: der Vorgesetzte beurteilt den
Mitarbeiter. Darüber hinaus gibt es Verfahren, die für die
Beurteilung ranggleicher Mitarbeiter vorgesehen sind. Außerdem Verfahren, die die Beurteilung externer Personen –
beispielsweise Kunden – einbeziehen. Diese Methoden gleichen denen, die hier beschrieben werden.

Deutlich andere Anforderungen an alle Beteiligten stellt
dagegen das Verfahren, bei dem die gewohnte Beurteilungsrichtung umgekehrt wird. Verfahren also, in denen Mitarbeiter
ihre Chefs beurteilen. Sie sind in Deutschland noch recht
selten. Warum das so ist und wo die möglichen Schwierigkeiten liegen, damit beschäftigt sich dieses Kapitel. Zwei Wissenschaftler, die dieser Frage sowohl theoretisch als auch
praktisch in zahlreichen Unternehmen nachgegangen sind,
äußern sich im zweiten Abschnitt dieses Kapitels in einem
Interview zu dieser sogenannten Vorgesetztenbeurteilung.

3.1 Vorgesetztenbeurteilung ist hierzulande umstritten

Viele Bezeichnungen/faires Verfahren/starke Vorbehalte

Mitarbeiter beurteilen ihren direkten Vorgesetzten. Kann das wirklich funktionieren? Ist es, wenn es theoretisch funktioniert, praktisch auch wünschenswert? Oder unterminiert es die Rolle des Vorgesetzten, seine Autorität? Sind Mitarbeiter überhaupt fachlich kompetent, die Leistungen ihres Vorgesetzten zu beurteilen? Und wenn das der Fall ist: Wollen sie dann auch das Urteil fällen?

Diese Fragen sind nur ein kleiner Ausschnitt aus der Fülle der Vorbehalte, die gegen die Vorgesetztenbeurteilung bestehen. Daß die gängige Richtung bei der Beurteilung von oben nach unten umgekehrt wird, erscheint vielen Führungskräften mindestens ungewöhnlich, wenn nicht verfehlt.

Trotzdem wenden etliche große Unternehmen, Bundesministerien und Teile der kommunalen Verwaltung Verfahren zur Vorgesetztenbeurteilung an. Zu den Unternehmen gehören u.a. BMW, BP, Esso (übrigens schon seit 1973), IBM, Procter & Gamble. Auch das Bundeswirtschaftsministerium und die Nürnberger Sparkasse lassen Vorgesetzte durch Mitarbeiter beurteilen.

Einige der Unternehmen hatten bei der Implementierung auf bestehende Modelle zurückgegriffen und sie im Laufe der Jahre mehr und mehr der eigenen betrieblichen Gegebenheit angepaßt. Andere haben von Anfang an ein auf ihr Unternehmen zugeschnittenes Verfahren entwickelt. Manche der Verfahren werden schon seit über 20 Jahren angewendet. Sie haben sich in der Praxis bewährt und erfüllen ihren Zweck.

Bemerkenswert ist, daß nicht alle Unternehmen, die ihre Führungskräfte beurteilen lassen, dies auch als Vorgesetztenbeurteilung bezeichnen. Anstelle des für manche negativ belegten Begriffs wählen sie ein Etikett, das neutraler klingt und darüber hinaus auch eine bestimmte Zielrichtung des Verfahrens angibt. Professor Hermann Ebner und Professor Gertraude Krell haben in ihrem Beitrag „Vorgesetztenbeurteilung" (Ebner/Krell 1996, S. 1-45) einige dieser Bezeichnungen aufgelistet, u.a.:

- Aufwärtsbeurteilung
- Beschreibung des Führungsverhaltens
- 360-Grad-Feedback
- Feedback für Vorgesetzte
- Führungs- und Arbeitssituationsanalyse
- Führungsbarometer
- Führungskräftebeurteilung
- Führungsstil-Analyse
- Vorgesetztenverhaltensbeschreibung

3.1.1 Warum lassen Unternehmen Vorgesetzte durch Mitarbeiter beurteilen?

Es sei kein Etikettenschwindel, wenn man bei Beiersdorf statt von Vorgesetztenbeurteilung von einem „Feedback-Verfahren" spricht, sagt Personalchef Dr. Werner Opgenoorth. Und in der Tat weisen die unterschiedlichen Bezeichnungen auf unterschiedliche Ziele hin, die eine Unternehmensführung mit dem Instrument der Beurteilung verfolgt.

Das strategische Ziel eines jeden Beurteilungsverfahrens liegt, wie im ersten Kapitel dargestellt, in der Erhöhung der Wettbewerbsfähigkeit eines Unternehmens. Die darunter angesiedelten taktischen Ziele lassen sich im Fall der Vorgesetztenbeurteilung aufteilen in

a) solche, die die Unternehmensleitung verfolgt (die Leistungskontrolle der Führungskraft zum Zweck der Bemes-

sung der variablen Vergütung, zur Entscheidung über Qualifizierungsmaßnahmen etc.) und
b) solche, die die beurteilte Führungskraft selbst verfolgt (Rückmeldung der Mitarbeiter bezüglich des eigenen Verhaltens; verbesserte Kommunikation in der Abteilung; Abbau von hierarchischen Strukturen etc.).

Zu Punkt a), Stichwort Kontrolle: Nehmen wir wieder das Beispiel des Finanzdienstleisters, der sich das Ziel gesetzt hat, seine Kundenorientierung zu erhöhen. Das Unternehmen beurteilt nicht nur die Belegschaft, sondern fordert auch die Mitarbeiter auf, ihren jeweiligen direkten Vorgesetzten zu beurteilen. Ziel ist herauszufinden, ob die für das Projekt Kundenorientierung relevanten Informationen, die im Führungskreis diskutiert und beschlossen werden, zügig, verständlich und vollständig an die Mitarbeiter weitergegeben werden. Dies ist eine wichtige Voraussetzung für das Gelingen des gesamten Projekts. Wenn nun die Mitarbeiter einer bestimmten Abteilung zu Protokoll geben, daß sie Informationen erst verspätet – vielleicht nur durch Kollegen aus anderen Abteilungen – bekommen, ist das ein Anlaß zur Intervention. Die Unternehmensspitze kann mit dem Abteilungsleiter die Gründe für sein restriktives Verhalten diskutieren. Und die eventuellen Ursachen – zu wenig Zeit, Überlastung durch andere Aufgaben, mangelnde rhetorische Fähigkeit etc. – versuchen zu beseitigen.

Die Beurteilung ist also auch hier eine Art der Kontrolle. Sie soll zeigen, ob die Führungskraft, im Beispiel der Abteilungsleiter, seinen Pflichten als Vorgesetzter gerecht wird. Das Ergebnis wird genutzt, um vorhandene Schwächen möglichst frühzeitig zu erkennen und zu beseitigen.

Zu Punkt b), Stichwort Feedback: Bleiben wir bei dem o.g. Beispiel. Es kann ja sein, daß der Abteilungsleiter sein eigenes Verhalten völlig anders einschätzt als seine Mitarbeiter. Daß er der Ansicht ist, stets prompt und umfassend zu informieren.

Dann dient die Beurteilung in dreifacher Hinsicht seinem Feedback: Erstens zu erkennen, daß seine Selbsteinschätzung sich von der Einschätzung durch die Mitarbeiter deutlich unterscheidet. Zweitens die Gründe dafür herauszufinden (vielleicht gibt er Informationen zu stark verkürzt weiter; die Bedeutung bestimmter Informationen wird von den Mitarbeitern nicht erfaßt; die Interpretation über die Relevanz von Informationen ist bei Vorgesetztem und Mitarbeitern verschieden etc.). Drittens schließlich dient das Feedback dazu, konkrete Schritte zu vereinbaren, mit denen die Situation verbessert werden kann.

Ob Leistungskontrolle durch die Unternehmensspitze und/oder ob Feedback durch die Mitarbeiter – in beiden Fällen dient das Verfahren letztendlich wieder dazu, die personellen Ressourcen des Unternehmens optimal auszunutzen. Die Beurteilung der Vorgesetzten ist – ebenso wie die Beurteilung der Belegschaft – die Grundlage für die gezielte Entwicklung von Mitarbeitern auf allen Ebenen und zum Wohle des Unternehmens.

3.1.2 Wie erreichen Sie die erfolgreiche Umsetzung?

Ein Beurteilungsverfahren, das nicht akzeptiert wird, funktioniert nicht. Deshalb ist es wichtig, vor der Implementierung des Verfahrens die angestrebten Ziele zu diskutieren und darüber möglichst breiten Konsens im Unternehmen zu erzielen. Vorbehalte, die auf seiten der Mitarbeiter und auf seiten der Führungskräfte bestehen, sollten identifiziert und – soweit es geht – abgebaut werden. Folgende Vorgehensweise ist dazu dienlich:

1. Die Unternehmensleitung informiert Führungskräfte und Mitarbeiter über die Absicht, ein Beurteilungsverfahren

einzurichten, bei dem auch die Vorgesetzten beurteilt bzw. kritisch eingeschätzt werden sollen.

2. Die Führungskräfte werden bezüglich ihrer Einstellung zu einer sogenannten Vorgesetztenbeurteilung bzw. zu einem Feedback-Verfahren befragt.

3. Die Unternehmensleitung sichert ein faires Verfahren zu und informiert die Führungskräfte kontinuierlich über die aktuelle Entwicklung an dem Verfahren.

Die Befragung dient dazu, mögliche Vorbehalte gegen eine Vorgesetztenbeurteilung zu sammeln, gegebenenfalls auch die Erfahrungen, die Mitarbeiter mit solchen Verfahren in anderen Unternehmen gemacht haben, zu diskutieren. Das Ergebnis der Befragung wird den Führungskräften mitgeteilt. Das bietet der Unternehmensleitung auch die Gelegenheit, ihre Ziele, die sie mit einer Vorgesetztenbeurteilung verfolgt, darzustellen. Im nächsten Schritt wird – auf Basis der Ergebnisse und anhand der angestrebten Ziele – ein Modell für eine Vorgesetztenbeurteilung entwickelt.

Transparenz ist während der Entwicklung des Beurteilungsverfahrens ein entscheidender Faktor für seinen späteren Erfolg. Führungskräfte und Mitarbeiter sollten umfassend über die einzelnen Schritte informiert und an der praktischen Ausgestaltung beteiligt werden. Dazu gehört auch, die Vorbehalte der Beteiligten ernst zu nehmen.

Welches die häufigsten Vorbehalte sind und mit welchen Mitteln sie abgebaut werden können, zeigen die beiden folgenden Übersichten.

Die häufigsten Vorbehalte von Vorgesetzten und Möglichkeiten, sie abzubauen

Vorbehalt	Lösungsmöglichkeit
Mitarbeiter sind fachlich nicht kompetent, um ihren Vorgesetzten zu beurteilen. Sie sind mit der Beurteilung ihres Chefs überfordert.	Die Unternehmensleitung muß deutlich machen, welchem Zweck die Vorgesetztenbeurteilung dienen soll. Daß beispielsweise das Ziel der Beurteilung nicht darin besteht, die fachliche Kompetenz der Führungskraft zu ermitteln, sondern daß es darum geht, der Führungskraft selbst und ggf. ihrem Vorgesetzten ein Feedback über ihre Führungsverhaltensweisen zu geben. Zu ermitteln, ob sie die Fähigkeit hat, ihr Team zu motivieren, die Mitarbeiter umfassend über Ziele und Projekte zu informieren etc.
Mitarbeiter könnten die Beurteilung benutzen, um alte Rechnungen zu begleichen.	Die Unterstellung, daß Mitarbeiter ihre „Machtposition" mißbrauchen könnten, fußt auf tiefem Mißtrauen und möglicherweise destruktivem Arbeitsklima seitens des Vorgesetzten gegenüber seinem Team. Bevor ein Verfahren zur Beurteilung oder zum Feedback wirkungsvoll eingeführt werden kann, muß die Unternehmensleitung versuchen zu klären, was die Ursache für dieses Mißtrauen ist. Das kann in Diskussionen mit einem externen Moderator, durch Seminare oder durch die Bereitstellung eines Coach für die Führungskraft geschehen. Erst nachdem sich das Verhältnis zwischen Vorgesetztem und Team normalisiert hat oder nachdem gegebenenfalls personelle Veränderungen vorgenommen worden sind, ist es sinnvoll, ein Verfahren zur Beurteilung oder zum Feedback einzuführen.

Vorbehalt	**Lösungsmöglichkeit**
Der Vorgesetzte fühlt sich durch ein negatives Beurteilungsergebnis demotiviert.	Das Ergebnis der Beurteilung oder des Feedbacks sollte Grundlage für eine Gruppendiskussion sein. Die Mitarbeiter erläutern ihre Beurteilung, und der Vorgesetzte nimmt Stellung. Empfehlenswert, gerade für Unternehmen, die noch keine Erfahrungen mit der Beurteilung oder dem Feedback von Führungskräften haben, ist es, die Diskussion moderieren zu lassen. Die Rolle des Moderators kann von einem Mitarbeiter aus einer anderen Abteilung oder von einem externen, fachlich geschulten Berater übernommen werden. Viele Vorgesetzte schätzen auch das Angebot des Arbeitgebers, das Beurteilungsergebnis mit einem Experten zu analysieren und zu diskutieren, bevor sie sich der Diskussion mit den Mitarbeitern stellen.

Vorbehalte gegen die Umkehr der üblichen Beurteilungsrichtung werden nicht nur von den Vorgesetzten geäußert. Auch Mitarbeiter reagieren nicht durchweg begeistert darauf, wenn sie ihren Chef kritisch einschätzen sollen. Der schwerwiegendste Vorbehalt betrifft die Angst vor Sanktionen. Dieses Problem zu lösen, erfordert ein hohes Maß an Kooperationsbereitschaft von allen Beteiligten, wie nachfolgend dargestellt wird.

Vorbehalte von Mitarbeitern

Vorbehalt	Lösungsmöglichkeit
Mitarbeiter befürchten Sanktionen, wenn sie ihren Vorgesetzten negativ beurteilen.	Unternehmen führen die Vorgesetztenbeurteilung zunächst anonym durch. Die Mitarbeiter erhalten dazu Formulare mit einem standardisierten Merkmalskatalog. Jedes Merkmal bezeichnet ein Verhalten, das die Führungskraft zeigen sollte. Der Mitarbeiter bewertet jedes der Merkmale entweder anhand einer Punkteskala oder anhand einer vorgegebenen verbalen Skalierung. Eine andere Möglichkeit: Die Mitarbeiter werden aufgefordert, ihre Beurteilung frei zu formulieren. Damit der Vorgesetzte aufgrund der Formulierungen keine Rückschlüsse auf den Absender ziehen kann, werden die Formulare von einem externen Moderator oder zumindest von einem Mitarbeiter einer anderen Abteilung ausgewertet. Der Vorgesetzte erhält die Auswertung als Gesamtergebnis.

Die anonymisierte Beurteilung kann immer nur Behelf sein, eine Art Starthilfe, um das Verfahren überhaupt in Gang zu bringen. Das Ziel muß jedoch lauten, daß alle an dem Beurteilungs- oder Feedbackverfahren Beteiligten seinen Nutzen erkennen, schätzen lernen und Vertrauen in das Verfahren entwickeln. Letztendlich sollte ein Klima entstehen, das die offene Auseinandersetzung ermöglicht. Vorgesetzte, die das weder wünschen noch tolerieren, weil sie um ihre Autorität fürchten, wird man allerdings auch mit solchen „Starthilfen" nicht umstimmen können. Aber mit solchen Führungskräften lassen sich vermutlich Ziele wie Offenheit, Dialogfähigkeit und konstruktive Kritik ohnehin kaum erreichen. Das Instru-

103

ment der Beurteilung jedenfalls ist kein geeignetes Mittel, sie in diese Richtung zu bewegen. Mitunter aber ist es auch nur eine Frage der behutsamen Einführung eines solchen Prozesses. Beide Seiten, Mitarbeiter und Vorgesetzte, müssen geschult werden und die Chance haben – gegebenenfalls unter externer Anleitung –, das Verfahren einzuüben. debis-Personalvorstand Dr. Norbert Bensel hält diesen Lernprozeß, Mut und Vertrauen zu entwickeln, für enorm wichtig. „Beide Seiten müssen lernen, offen und ehrlich miteinander umzugehen", sagt Bensel. „Anonyme Kritik ist auf Dauer kein Fundament, auf dem man bauen kann. Wir müssen es hinkriegen, daß Mitarbeiter den Mut haben, auch Dinge offen auszusprechen, die ihnen nicht passen. Und die Vorgesetzten müssen lernen, damit umzugehen."

3.1.3 Vorschlag für ein konkretes Verfahren zur Vorgesetztenbeurteilung

Ähnlich wie bei der merkmalsorientierten Mitarbeiterbeurteilung (vgl. Kapitel 2.1) kann auch die Beurteilung von Vorgesetzten anhand eines Merkmalskatalogs erfolgen. Die Unternehmensleitung entwickelt diesen Katalog, der zum Beispiel die folgenden Merkmale beinhalten könnte:

- Informationsverhalten
- Kritikfähigkeit
- Motivationsfähigkeit
- organisatorisches Geschick
- Zuverlässigkeit
- Konfliktfähigkeit
- Delegationsfähigkeit

Jedes dieser Merkmale wird möglichst präzise beschrieben. Ein Beispiel für die Definition des Merkmals „Informationsverhalten": „Der Vorgesetzte informiert umfassend und verständlich. Er geht auf Nachfragen ein."

Der Mitarbeiter erhält diesen Merkmalskatalog einschließlich der Definitionen. Außerdem bekommt er ein Bewertungsschema, dessen Skalen ebenfalls definiert ist (zum Beispiel eine Skala von eins – völlig ungenügend – bis sieben – weit mehr als erwartbar).

Beispiel für ein standardisiertes Verfahren zur Vorgesetztenbeurteilung

Merkmal	Definition	Beurteilung
Informationsverhalten	informiert umfassend und vollständig über Projekte	1, 2, 3, 4, 5, 6,7
Kritikfähigkeit	äußert Kritik sachlich und ohne zu verletzen	
organisatorisches Geschick	greift strukturierend in Gruppenprozesse ein; teilt Aufträge in einer nachvollziehbaren Weise zu	
Zuverlässigkeit	hält Absprachen und Zusagen ein	
Konfliktfähigkeit	ermuntert zu offener Kritik; geht mit Kritik sachlich und fair um	

Eine in Deutschland noch geringe Zahl von Unternehmen hat die Vorgesetztenbeurteilung bereits als festen Bestandteil eines Beurteilungsverfahrens etabliert. Andere ziehen allmählich nach. Im folgenden Abschnitt berichten zwei Wissenschaftler über Beobachtungen und Erfahrungen aus Unternehmen, die ein Verfahren zur Vorgesetztenbeurteilung eingeführt haben.

3.2 Führungskräfte schätzen Feedback: Interview mit den Professoren Ebner und Krell

Vorwände/Coaching/Anonymität

Professor Dr. Gertraude Krell lehrt an der Freien Universität Berlin am Institut für Management. Professor Dr. Hermann G. Ebner lehrt an der Universität Mannheim am Lehrstuhl für Erziehungswissenschaft, insbesondere Wirtschaftspädagogik. Sein Schwerpunkt ist die berufsbezogene Lehr- und Lernforschung und die individuelle und kollektive Entwicklung in Organisationen.

Mit dem Thema Vorgesetztenbeurteilung haben sich beide Wissenschaftler nicht nur theoretisch, sondern auch praktisch intensiv auseinandergesetzt. Ihre Erfahrungen bei der Implementierung eines Verfahrens der Vorgesetztenbeurteilung in Unternehmen schildern Professor Krell und Professor Ebner in dem folgenden Interview.

In Ihrem Aufsatz „Vorgesetztenbeurteilung" (Ebner/Krell 1996, S. 1-45) listen Sie eine ganze Reihe von Vorbehalten auf, die nach wie vor gegen die Beurteilung von Vorgesetzten durch ihnen untergebene Mitarbeiter geäußert werden. So lautet ein Vorbehalt, daß Vorgesetzte die Beurteilung durch Untergebene nicht akzeptieren würden. Ist dieser Vorbehalt Ihrer Erfahrung nach wirklich häufig anzutreffen?

106

Prof. Dr. Ebner: Die Vorbehalte, die wir aufgelistet haben, stammen ja nicht von uns, sondern sind häufig in der Fachliteratur zu finden. Und wir hören sie auch – allerdings weniger häufig – von Unternehmen, denen wir ein solches Beurteilungssystem vorschlagen. Der spezielle Einwand, den Sie in Ihrer Frage ansprechen, daß also Vorgesetzte das Prozedere nicht akzeptieren würden, ist unserer Erfahrung nach häufig ein vorgeschobener Grund. Faktisch verbirgt sich dahinter eine eher pauschale Ablehnung eines solchen Verfahrens. Entweder möchte die Unternehmensleitung das nicht, oder die Mitarbeiter fühlen sich zu unsicher und lehnen das Verfahren ab. Die Vorgesetzten selbst, die beurteilt werden sollen, sind in den meisten Fällen gar nicht dagegen.

Professor Dr. Krell: Ich stimme dem Kollegen zu. Unsere Untersuchungen Anfang bzw. Mitte der 90er Jahre in zwei Sparkassen und in einer Behörde haben keine generellen Akzeptanzprobleme seitens der Vorgesetzten zu Tage gefördert. Im Gegenteil: Viele sehen sie als Chance, ein Feedback von ihren Mitarbeitern und Mitarbeiterinnen zu erhalten. Es kann also durchaus hilfreich sein, dort, wo eine Vorgesetztenbeurteilung geplant ist, diese Vorgesetzten zunächst zu befragen.

Welche Maßnahmen können Sie empfehlen, um die ablehnende Haltung gegen die Vorgesetztenbeurteilung aufzuweichen?

Professor Dr. Krell: Das hängt im Einzelfall von den Ergebnissen der Befragung der Vorgesetzten bzw. von der konkreten Situation ab. Generell kann die Unternehmensleitung zum einen informieren und aufklären bzw. mit den Führungskräften in einen Dialog über das „Warum" und das „Wie" einer Vorgesetztenbeurteilung treten. Zum anderen kann sie mit gutem Beispiel vorangehen, das heißt, sich selbst beurteilen lassen.

Prof. Dr. Ebner: Man sollte meiner Meinung nach auch berücksichtigen, daß viele Führungskräfte eine Beteiligung der Personalabteilung bei diesem Verfahren ablehnen. Und zwar strikt. Also nicht nur, was die Auswertung oder interne Veröffentlichung der Ergebnisse angeht. Sondern die Personalabteilung soll am besten überhaupt nichts mit dem Prozedere zu tun haben.

Wir haben gute Erfahrungen mit dem Vorschlag gemacht, das Verfahren beim ersten Mal ausschließlich abteilungsbezogen laufen zu lassen. Das heißt: Die Ergebnisse der Beurteilung werden lediglich den direkt Beteiligten zur Verfügung gestellt. Kein Mitarbeiter aus einer anderen Abteilung des Unternehmens erfährt die Ergebnisse, zumindest nicht beim ersten Mal der Anwendung. Das schafft Vertrauen, weil alle sehen, daß jeder Neuland betritt. Und das führt zum zweiten wichtigen Punkt: Viele Vorgesetzte, die sich einem Beurteilungsverfahren durch ihre Untergebenen stellen, wünschen ein Coaching. Sie möchten nicht mit den Ergebnissen allein gelassen werden. Es versteht sich von selbst, daß für dieses Coaching externe Berater und keine Mitarbeiter aus der Personalabteilung gewünscht werden.

Was ist dran an dem Einwand, die Mitarbeiter fühlten sich überfordert von der Aufgabe, ihren Chef zu beurteilen?

Professor Dr. Ebner: Auch diesen Einwand darf man nicht einfach vom Tisch wischen. Man muß auch hier wieder schauen, ob das Argument berechtigt ist oder nur vorgeschoben und was dann tatsächlich dahintersteckt. Berechtigt kann der Einwand sein, wenn beispielsweise die Mitarbeiter die Leistungen ihres direkten Vorgesetzten beurteilen sollen, über die gesamte Leistungsbreite aber gar keinen Überblick haben. Dann muß man sehen, ob man den Mitarbeitern diesen Überblick verschaffen kann. Oder ob man bei der Beurteilung diesen Aspekt herausnimmt und sich auf die Verhaltensmerkmale konzentriert. Jedenfalls ist der Einwand: „Das können Untergebene gar nicht beurteilen" zu pauschal; da muß man schon genauer hinsehen. Gerade interaktive und kommunikative Verhaltensweisen des Chefs können Mitarbeiter sehr wohl beurteilen.

Professor Dr. Krell: Ich würde in einem solchen Fall zunächst darauf hinweisen, daß sich auch viele Vorgesetzte durch die Abwärtsbeurteilung überfordert fühlen. Davon zeugt zum Beispiel, daß Beurteilungsergebnisse mit den beurteilten Mitarbeitern und Mitarbeiterinnen in insgesamt erschreckend geringem Ausmaß besprochen werden. Außerdem: Wenn die Beteiligung an einer Vorgesetztenbeurteilung für die Mitarbeiter freiwillig ist, ist für diejenigen, auf die der Einwand tatsächlich zutrifft, der Ausweg der Nicht-Beteiligung eröffnet.

Vorgesetztenbeurteilung könne gar nicht funktionieren, weil die Mitarbeiter, zumindest im Falle eines negativen Urteils, Sanktionen seitens ihres Chefs befürchten müssen. Ein Einwand, der plausibel erscheint. Welche Möglichkeiten sehen Sie, um einerseits die notwendige Offenheit zu erreichen und andererseits den Mitarbeiter zu schützen?

Professor Dr. Krell: Das existierende Machtgefälle zwischen Vorgesetzten und Mitarbeitern ist eine überzeugende Begründung dafür, daß die Zuletztgenannten anonym bleiben sollten. Die Frage, ob dies tatsächlich der Fall ist, wird erfahrungsgemäß in allen Organisationen mit großer Beharrlichkeit aufgeworfen. Dies gilt sowohl für reine Vorgesetztenbeurteilungen als auch für Mitarbeiterbefragungen. Deshalb ist es empfehlenswert, dem Aspekt der Anonymität der Mitarbeiter und Mitarbeiterinnen bei der Information und Kommunikation im Vorfeld einen großen Stellenwert beizumessen.

Professor Dr. Ebner: Was Sie mit Ihrer Frage ansprechen, ist in der Tat ein Problem. Lösbar ist es einmal durch organisatorische Maßnahmen, etwa indem man Sammelboxen aufstellt, in die jeder Mitarbeiter den von ihm – anonym –

ausgefüllten Fragebogen einwirft. Externe Berater nehmen die Box mit, öffnen sie außerhalb des Unternehmens, erfassen die jeweiligen Ergebnisse und vernichten die Fragebögen. Auf diese Weise sind Rückschlüsse – etwa aufgrund der Handschrift – nicht mehr möglich.

Eine weitere Maßnahme betrifft die inhaltliche Aufbereitung und Präsentation der Ergebnisse. Auch hier kann man Anonymität sicherstellen, indem man beispielsweise anstelle von Zitaten aus den Beurteilungsbögen, die ja womöglich auf den Absender rückschließen lassen, nur Punktwerte ermittelt und bekanntgibt. Ein Beispiel: Wenn nach dem Informationsverhalten des Vorgesetzten gefragt wird, dann zitiert man keine Einzeläußerungen wie „der Vorgesetzte informiert nur unvollständig", sondern man ermittelt aus allen Einschätzungen einen Mittelwert. Darüber hinaus bieten wir den Leuten an, darüber zu beraten, ab welcher Gruppenstärke sie sich sicher fühlen. Gut ist unserer Erfahrung nach eine Gruppenstärke ab 20 Personen.

Aber führt dieser Mittelwert nicht dazu, daß das Ergebnis verwässert und damit wenig aussagekräftig ist? Die extremen Beurteilungen, sowohl in die positive wie in die negative Richtung, fallen weg.

Professor Dr. Ebner: Das stimmt. Aber gerade die Extreme wären identifizierbar und könnten dazu führen, daß Vorgesetzte sich – jedenfalls bei deutlich negativer Beurteilung – dazu entschließen, die betreffenden Personen unter Druck zu setzen.

Wie wird das Ergebnis der Beurteilung dann präsentiert?

Professor Dr. Krell: Hier muß zunächst einmal zwischen der Rückmeldung an die Führungskräfte und der Rückmeldung an die Mitarbeiterinnen und Mitarbeiter unterschieden werden. So können die Ergebnisse zunächst den Vorgesetzten präsentiert

werden, damit sie für sie problematische Beurteilungsergebnisse erst einmal verdauen können, bevor sie öffentlich, das
heißt mit den Mitarbeitern besprochen werden. Eine falsch
verstandene Schonstrategie wäre jedoch, die Vorgesetzten mit
den Ergebnissen allein zu lassen. In unseren Befragungen haben
die Vorgesetzten oftmals den Wunsch geäußert, mit externen
Beratern oder Coaches die Ergebnisse zu besprechen.

Professor Dr. Ebner: Diese Hilfe von außen ist ein wichtiger Punkt. Zunächst kann ein solches Gespräch, in dem
Erläuterungen und Interpretationshilfen gegeben werden, zwischen dem Vorgesetzten und den externen Beratern geführt
werden. Moderiert von einem externen Berater, diskutiert die
Gruppe in einem zweiten Schritt mit ihrem Vorgesetzten das
Ergebnis und Möglichkeiten, vorhandene Schwierigkeiten zu
beseitigen. Natürlich bergen auch solche Diskussionen das
Risiko, daß sich einzelne Mitarbeiter exponieren und später
von ihrem Chef dafür sanktioniert werden.

Einerseits ist es verständlich, daß Mitarbeiter sich vor mögli-
chen Sanktionen schützen wollen, wenn sie ihren Chef nicht so
gut beurteilt haben. Andererseits: Hat nicht jemand, der sich
einem Beurteilungsverfahren stellt, ein Anrecht auf Offenheit?

Professor Dr. Ebner: Abstrakt betrachtet ist Offenheit selbstverständlich sehr wünschenswert. Aber man muß in diesem Fall,
in dem Untergebene einen Vorgesetzten beurteilen sollen, doch
das Kräfteverhältnis sehen. Und die Kräfte sind nun mal un-
gleich verteilt. Deshalb plädieren wir bei der Vorgesetztenbeurteilung für ein anonymes Verfahren. Zumindest, wenn das
Verfahren erstmals angewendet wird. Übrigens haben wir nie
erlebt, daß Mitarbeiter das Verfahren mißbrauchen, um alte
Rechnungen zu begleichen. Das Verfahren wird im allgemeinen
durchaus ernst genommen und gewissenhaft angewendet. Im
Laufe der Jahre, wenn beide Seiten ihre Erfahrungen gemacht
haben, wird der Umgang damit ohnehin gelassener, weil beide

Seiten die Vorteile erkennen und zu schätzen wissen. Es ist für einen Vorgesetzten ganz einfach zweckmäßig zu wissen, ob seine Intentionen, die er mit seiner Art von Führungsverhalten verfolgt, auch ihr Ziel erreichen. Oder an welchen Stellen, in welchen Situationen seine Mitarbeiter damit nicht zurechtkommen und er deshalb andere Varianten versuchen sollte. Immerhin verfolgt er ja bestimmte Ziele mit seinem Verhalten und will diese auch nach Möglichkeit erreichen. Und die regelmäßige Beurteilung oder das Feedback durch die Mitarbeiter ist dazu ein wirkungsvolles Diagnoseinstrument.

Professor Dr. Krell: Es gibt ja in der Praxis Varianten, bei denen die Mitarbeiter den Führungskräften die Rückmeldung von Angesicht zu Angesicht geben. In einer Sparte eines großen Industrieunternehmens zum Beispiel wird dies unter der Bezeichnung „Mutprobe" praktiziert. Diese Namensgebung versinnbildlicht, daß eine solche Vorgehensweise von allen Beteiligten Mut erfordert. Aber eine solche Variante findet sich eben nur ausnahmsweise. Und das ist nicht zufällig so. Es wäre fatal, den Schluß zu ziehen, die klassische Form der Aufwärtsbeurteilung wäre die Variante für Feiglinge, weil die Mitarbeiterinnen und Mitarbeiter anonym bleiben. Es geht hier doch weniger um die Frage des persönlichen Mutes als um strukturelle Faktoren. Dem von Ihnen angeführten Recht auf Offenheit steht eben das Recht auf Schutz des ja in vieler Hinsicht Abhängigen und deshalb Schwächeren gegenüber. Selbst gestandene Führungskräfte räumen in Gesprächen ein, daß sie unter dem Schutz der Anonymität ihren Vorgesetzten Dinge mitteilen würden, die sie ihnen nicht ins Gesicht sagen würden. Das aber heißt letztendlich, daß gerade die Anonymität eine größere Offenheit ermöglicht, von der dann auch und gerade die beurteilten Führungskräfte profitieren.

4 So implementieren Sie Ihr Verfahren zur Mitarbeiterbeurteilung

In den vorangegangenen Kapiteln ging es um die methodische Vorarbeit, die zur Entwicklung eines Beurteilungsverfahrens nötig ist: um das Festlegen von Zielen, die Wahl der Grundrichtung (merkmals- oder zielorientiert), Formen der Bewertung (nach Punkten, definierten Skalen oder frei) sowie um das Bestimmen der hierarchischen Beurteilungsrichtung. Außerdem wurde dargestellt, daß neben der Beurteilung des individuellen Mitarbeiters auch die Beurteilung von Teams nach einem standardisierten merkmals- und zielorientierten Verfahren ablaufen kann.

Jetzt folgt die operative Seite des Themas: Wie kann ein Beurteilungsverfahren in ein Unternehmen implementiert werden? Das zu klären ist mindestens so wichtig wie der methodische Aspekt.

Im ersten Abschnitt äußert sich der Geschäftsführer der Deutschen Gesellschaft für Personalführung, DGFP, zu den Motiven von Unternehmen, ein Beurteilungsverfahren einzurichten, zu möglichen Schwierigkeiten und neuen Trends bei Beurteilungsverfahren.

In zweiten Abschnitt wird die Einführung anhand eines Schemas dargestellt. Die Reihenfolge der hier genannten sechs Schritte für die Einführung eines Verfahrens ist nur begrenzt relevant. Wichtig ist, daß jeder einzelne Schritt bei der Einführung des Verfahrens berücksichtigt wird.

Im dritten Abschnitt werden diese sechs Schritte zur Entwicklung und Implementierung eines Beurteilungsverfahrens mit einem Unternehmensberater diskutiert. Er erläutert sie ausführlich, berichtet aus seiner praktischen Erfahrung, wo mögliche Hürden und Hindernisse auf dem Weg zu einer Einführung liegen können und gibt Tips, wie diese Hürden aus dem Weg geräumt werden können.

Einige dieser Hindernisse hängen direkt mit dem Versuch zusammen, ein Beurteilungsverfahren einzurichten. Widerstände seitens der Belegschaft, die Kontrollen vermuten, Ablehnung seitens der Führungskräfte, die Konflikte fürchten etc. gehören hierher. Andere Hindernisse dagegen weisen auf Defizite innerhalb des Unternehmens hin, die nichts damit zu tun haben, daß ein Beurteilungsverfahren eingeführt werden soll. Solche Hindernisse müssen analysiert und beiseitegeräumt werden, bevor das Projekt Mitarbeiterbeurteilung an den Start gehen kann. Auch das ist Thema des dritten Abschnitts.

Ein Beispiel für die erfolgreiche Einführung eines Beurteilungsverfahrens wird dem Leser im vierten Teil des Kapitels präsentiert. Ein mittelständisches Unternehmen mit 650 Mitarbeitern hat die Entwicklungs- und Einführungsphase einer Mitarbeiterbeurteilung Ende 1998 abgeschlossen. Das Verfahren ist Anfang 1999 an den Start gegangen. Die Projektverantwortlichen haben nicht nur einen langen Atem gezeigt – anstelle der geplanten zwei Monate hat die Entwicklungs- und Einführungsphase zwei Jahre gedauert –, sie haben auch durch kluges und umsichtiges Verhalten bereits während der Entwicklungsphase einen wichtigen Prozeß in Gang gesetzt, der durch das Verfahren selbst fest etabliert werden soll: Die interne Kommunikation wurde durch die Arbeit an dem Beurteilungsverfahren lebendiger und konstruktiver. Erfreulich ist in diesem Zusammenhang, daß sich diese Kommunikationsbereitschaft nicht nur nach innen, sondern auch gegenüber Externen zeigt. Der Leiter des Projekts Mitarbeiterbeurteilung gab offen Auskunft über Widerstände im Betrieb, über Irrtümer seitens der Projektverantwortlichen und über die schließlich doch erfolgreiche Vorgehensweise.

4.1 Aktuelle Tendenzen in der Mitarbeiterbeurteilung

Methodische und praktische Probleme/Konstruktive Diskussion/Unternehmensgröße

„Mitarbeiterbeurteilung ist ein Instrument zur Unterstützung der Führung. Es ist kein Ersatz für Führung. Deshalb halte ich auch nichts von Verfahrensfetischismus. "

Dr. Hans Böhm, Geschäftsführer der Deutschen Gesellschaft für Personalführung

Die Deutsche Gesellschaft für Personalführung, DGFP, ist im Kern ein gemeinnütziger Verein. Er fühlt sich, wie es in den Grundsätzen der Führung und Zusammenarbeit heißt, neuzeitlichen Grundsätzen wirtschaftlicher Unternehmensführung verpflichtet. Die DGFP hat den Anspruch, der beste und umfassendste Dienstleister für das Personalmanagement zu sein. Die Mehrzahl der ordentlichen Mitglieder der DGFP sind Wirtschaftsunternehmen. Die Dienstleistungen, die die DGFP für ihre Mitglieder anbietet, werden durch ein Netzwerk geliefert, zu dem u.a. die Erfahrungsaustauschkreise, die Akademie für Personalführung, die DGFP mbH und ein Dokumentationszentrum gehören. Mit dem Geschäftsführer der DGFP, Dr. Hans Böhm, diskutierten wir Fragen zu Bedeutung und Stellenwert der Mitarbeiterbeurteilung.

Mit welchen Schwierigkeiten haben Unternehmen zu rechnen, die ein Verfahren zur Mitarbeiterbeurteilung einführen wollen?

Dr. Böhm: Schwierigkeiten kann es in zwei Bereichen geben: im methodischen und im Bereich der praktischen Umsetzung. Welches Verfahren verspricht am ehesten, daß die angestrebten Ziele erreicht werden? Was muß dieses Verfahren leisten? Das ist die methodische Frage, die das Unternehmen klären muß. Dann kommt die Frage der Umsetzung, die häufig ein sehr großes Problem darstellt. Wie kann sichergestellt werden, daß das Verfahren nicht nur verbal akzeptiert, sondern auch tatsächlich nachhaltig gelebt wird? Häufig werden solche Verfahren, wenn sie im Unternehmen vorgestellt werden, zunächst einmal akzeptiert. Aber in der Umsetzung versanden sie dann. Deshalb ist nach der Klärung der methodischen Frage die der praktischen Umsetzung im Arbeitsalltag immens wichtig. Wir alle kennen ja den berühmten Trend zur Milde bei Beurteilungen. Damit meine ich den Hang, Beurteilungen immer besser ausfallen zu lassen, negative Beurteilungen möglichst zu vermeiden. Mit einem Verfahren der systematischen Mitarbeiterbeurteilung muß man sicherstellen, daß das System nachhaltig gut funktioniert. Anders können die angestrebten Ziele – etwa die Steigerung der Produktivität – nicht erreicht werden.

Spielt die Größe eines Unternehmens eine Rolle für die Einführung eines Systems zur Mitarbeiterbeurteilung?

Dr. Böhm: Je mehr Menschen Sie mit einem solchen standardisierten System überziehen wollen, desto schwieriger ist es natürlich, Qualität und Akzeptanz sicherzustellen. Grundsätzlich sind die Schwierigkeiten aber ähnlich.

Sehen Sie einen Trend weg von standardisierten Verfahren zur Mitarbeiterbeurteilung und hin zu freien Gesprächen?

Dr. Böhm: Ja, das ist ein deutlicher Trend. Die traditionellen Verfahren sind klar auf dem Rückzug, und ich denke, das ist auch gut so. Denn dort fanden keine wirklich guten Gespräche mehr statt. Doch gerade darum geht es bei der systematischen Beurteilung von Mitarbeitern: Im Gespräch zwischen Vorgesetztem und Mitarbeiter – übrigens auch mit Kollegen – muß konstruktiv und inhaltlich miteinander diskutiert werden.

116

*Das stellt an den Mitarbeiter, vor allem aber an die Führungs-
kraft, entsprechend hohe Anforderungen. Fühlen sich manche
damit auch überfordert?*

Dr. Böhm: Auch hier ist das Problem wieder zweischichtig
– mindestens. Zunächst muß man sich methodisch für ein
konkretes Verfahren einer Mitarbeiterbeurteilung entscheiden.
Nehmen wir an, diese Entscheidung ist getroffen. Das Unternehmen will über Gespräche zu Zielvereinbarungsbeiträgen
gelangen. Dann müssen die Führungskräfte mit Sicherheit in
die Lage versetzt werden, methodisch richtig mit einem
solchen Instrument, nämlich dem Zielvereinbarungsgespräch,
umzugehen. Das Vereinbaren von Zielen ist nicht so einfach,
wie es zunächst in der Planung klingt. In der Praxis merkt man
meistens sehr schnell, wie schwierig es ist, auf der einen Seite
das, was möglich ist, zu quantifizieren, also messbar zu
machen, und auf der anderen Seite den Mut aufzubringen,
auch mal qualitative Zielsetzungen hinzuschreiben, über die
man sich dann hinterher auch qualitativ auseinandersetzen
muß.

Und wenn man all diese methodischen Fragen gut im Griff
hat, kommt der zwischenmenschliche Bereich. Ich meine
damit, daß solche Gespräche auch eine Herausforderung an
die Sozialkompetenz und an die konstruktive Konfliktfähigkeit der Menschen darstellen. Sich wirklich aufeinander
einzulassen, miteinander zu sprechen, auch mal miteinander
zu streiten in einer positiven Atmosphäre, das gelingt nur,
wenn viel Vertrauen da ist, wenn Vorgesetzter und Mitarbeiter
davon ausgehen dürfen, daß ihr Gegenüber nichts Böses will,
daß beide das Interesse haben, möglichst gute Leistungen zu
erzielen.

*Was halten Sie von dem Ansatz, ein Verfahren zur Mitarbeiter-
beurteilung einzuführen, um die defizitäre Kommunikation –
etwa zwischen Vorgesetzten und Mitarbeitern – zu verbes-*

117

sern? Wo also das Instrument der Mitarbeiterbeurteilung als eine Art Reparaturwerkzeug für die schlechte interne Kommunikation genutzt werden soll?

Dr. Böhm: Wenn die Kommunikation nicht stimmt, dann ist es ganz schwer, ein System der Mitarbeiterbeurteilung einzuführen. Eigentlich ist es in einem solchen Fall besser, zunächst Kommunikationstrainings anzubieten. Kommunikation ist ja in den vergangenen Jahren extrem wichtig geworden. Und deshalb muß man sich das auch gesondert anschauen. Gute Kommunikation ist nach meinem Dafürhalten die Voraussetzung für den Erfolg von Beurteilungsinstrumenten.

Wir hatten bereits diskutiert, daß offene Verfahren zur Mitarbeiterbeurteilung besondere Anforderungen an Führungskräfte stellen. Allerdings gilt das auch für Mitarbeiter. Beispielsweise müssen sie über ausreichende Sprachkompetenz verfügen, um einem Gespräch über Leistungen und Ziele mit dem Vorgesetzten gewachsen zu sein. Ist das – für bestimmte Hierarchieebenen im Betrieb oder für spezielle Branchen – ein Problem?

Dr. Böhm: Man sollte Mitarbeiter nicht unterschätzen. Auch nicht die im gewerblich-technischen Bereich. Auch sie sind durchaus in der Lage, in ihrer Sprache all das auszudrükken, was für ihren Arbeitsplatz wichtig ist. Und in aller Regel haben sie Führungskräfte, Meister oder Vorarbeiter, die in derselben Sprache kommunizieren. In allen unseren Seminaren zum Thema „Total Quality Management" haben wir erlebt, daß wir eine ganze Menge guter Teamleiter aus Mitarbeitergruppen heraus qualifiziert haben, denen man früher diese Position gar nicht zugetraut hätte. Deshalb sollte man nicht von vornherein sagen, daß etwa die im gewerblich-technischen Bereich Beschäftigten mit einem offenen Verfahren überfordert sind.

118

Was halten Sie von der These eines Unternehmens, daß Mitarbeiterbeurteilung nur dann funktionieren könne, wenn zwischen Führungskraft und Mitarbeiter eine ausreichend große Distanz besteht?

Dr. Böhm: Mit Menschen, die diese Haltung vertreten, würde ich gern mal über die Ziele diskutieren, die sie mit Mitarbeiterbeurteilung verfolgen. Eines der ganz wichtigen Ziele, das ich mit jedem Beurteilungsgespräch verbinde, ist die Angstfreiheit. Wer also eine hierarchische Distanz bewußt einbaut, will offensichtlich diesen Aspekt der Angstfreiheit gar nicht. Mich würde das sehr stören. Aber dazu müßte man die Ziele dieses Unternehmens kennen. Wenn beispielsweise die Mitarbeiterbeurteilung als Disziplinierungsinstrument genutzt werden soll, dann macht der bewußte Einsatz der hierarchischen Distanz natürlich Sinn. Allerdings ist es in der heutigen Zeit ungewöhnlich, ein solches Instrument zur Disziplinierung der Belegschaft einzusetzen.

Bleiben wir beim Stichwort Disziplinierung: Nutzen Unternehmen Mitarbeiterbeurteilung zu diesem Zweck?

Dr. Böhm: Offen propagiert wird das nicht. Aber sicher wenden einige Vorgesetzte das Verfahren in dieser Weise an, vor allem bei traditionellen Verfahren und wenn mit der Beurteilung Geld verbunden ist. Es ist dann ja auch ein Belohnungsverfahren: Wohlverhalten wird belohnt. Aber genau davon müssen wir wegkommen. Was ich von meinen Mitarbeitern will, ist, daß sie ihre Meinung sagen. Auch und gerade dann, wenn sie meiner Meinung entgegensteht. Dann bin ich besonders interessiert. Ob ich der dann auch folge, ist eine ganz andere Frage.

Welche Unternehmen wenden sich an die DGFP, um in Sachen Mitarbeiterbeurteilung Rat einzuholen?

119

Dr. Böhm: Die ganz großen Mitgliedsunternehmen haben bereits ihre Verfahren. Sie brauchen unseren Rat meistens nicht, tauschen aber in den Erfahrungsaustauschkreisen mit anderen Unternehmen Informationen aus. Die Unternehmen, die uns fragen, wie sie vorgehen sollten – und die wir im Rahmen unserer GmbH beraten –, kommen hauptsächlich aus dem mittelständischen Bereich.

4.2 Ablaufplan zur Einführung einer Mitarbeiterbeurteilung

Die nachfolgend dargestellten sechs Schritte zur Entwicklung und Implementierung eines Verfahrens zur Mitarbeiterbeurteilung werden in der Praxis selten in dieser stringenten Reihenfolge absolviert. Information der Mitarbeiter, Entwicklung einzelner Bestandteile des Verfahrens, Zieldiskussionen und Beratungen mit den Arbeitnehmervertretern wechseln sich ab und können den gesamten Prozeß der Entwicklung begleiten. Die schematische Darstellung der sechs entscheidenden Schritte auf dem Weg zu einer Mitarbeiterbeurteilung bietet dennoch einen guten Überblick und dient dazu zu prüfen, ob keiner der Schritte bei der Planung vergessen wurde.

1. Die Vorbereitung

- Unternehmensziele definieren
- Anforderungen an das Beurteilungsverfahren bestimmen
- Projektverantwortliche benennen
- Zielgruppen, die beurteilt werden sollen, definieren

2. Die Entwicklungsphase

- Auswahl des Grundmodells (merkmals- oder zielorientiert)

120

- ggf. Merkmalskatalog erstellen oder Prozedere für Zieldefinition festlegen
- Skalierungsform festlegen, Skalenstufen definieren
- Informationsmaterial für Mitarbeiter erstellen; Formulare für das Beurteilungsverfahren entwickeln

3. Die Diskussionsphase

- Informationsveranstaltung für Mitarbeiter und Führungskräfte
- abteilungsbezogene Diskussionen über Ziele des Beurteilungsverfahrens
- abteilungsbezogene Information und Diskussion über Unternehmensziele und Konsequenzen für die Abteilungen aufzeigen
- ggf. Weiterentwicklung des Verfahrens zur Mitarbeiterbeurteilung

4. Betriebsvereinbarung

- fertiges Modell intern vorstellen
- Betriebsvereinbarung abschließen

5. Die Implementierungsphase

- Führungskräfte schulen
- ggf. Pilotprojekt starten
- ggf. Pilotprojekt auswerten und die Ergebnisse in das Verfahren einfließen lassen
- Einführung des Verfahrens im gesamten Unternehmen

6. Die Auswertung

- Mitarbeiter und Führungskräfte werden zu ihren Erfahrungen im Umgang mit dem Beurteilungsverfahren befragt
- auf Basis der Ergebnisse wird das Verfahren angepaßt

4.3 Einführung eines Beurteilungsverfahrens: Erfahrungen und Tips

„Der Personalbereich ist einer der wichtigsten Bereiche in einem erfolgreichen Unternehmen des nächsten Jahrhunderts. Das haben allerdings bislang die wenigsten bemerkt. "

Dr. Thomas Kleine, Baumgartner und Partner

Nehmen wir an, ein Unternehmen ist mit seiner Position am Markt nicht zufrieden. Zwar gibt es keine spektakulären Einbrüche bei Umsatz und Gewinn, aber eine Kundenbefragung hat deutliche Hinweise auf Defizite im Servicebereich erbracht. Es fehlen neue innovative Produkte, oder die Belegschaft, unzufrieden mit dem Betriebsklima, vermittelt keinen dynamischen Eindruck. In einer Sitzung diskutieren Führungskräfte die unbefriedigende Situation. Ein Mitglied der Runde schlägt vor, zur Verbesserung das Instrument der Mitarbeiterbeurteilung zu erproben. Die Unternehmensleitung stimmt dem Vorschlag zu. Von dem Unternehmensberater Dr. Thomas Kleine, der seit vielen Jahren Unternehmen in dieser Frage berät, wollten wir wissen: Wie sollte das Unternehmen vorgehen, um in dieser Situation weiterzukommen?

122

4.3.1 Die Vorbereitungsphase

Der erste wichtige Schritt auf dem Weg zu einem Beurteilungsverfahren betrifft die Zielformulierung. „Das Unternehmen sollte klären, wo es sich momentan im Markt befindet. Wie ist seine Position im Wettbewerb? Und in welcher Weise möchte es diese Position verändern?", sagt Dr. Kleine. Viele Unternehmen, die ein Beurteilungsverfahren einrichten wollen, vergessen solch eine präzise Zieldefinition. Statt dessen betrachten sie Mitarbeiterbeurteilung losgelöst von ihren strategischen Überlegungen und Zielen. Nach den Erfahrungen des Beraters stellen diese Unternehmen jedoch meistens im Laufe der Zeit fest, daß Mitarbeiterbeurteilung unendlich viele Verknüpfungen mit verschiedensten Bereichen des Unternehmens hat. Sie kann u.a. die Rolle der Führungskräfte verändern, die interne Kommunikation und das Arbeiten im Team beeinflussen. Das alles kann Auswirkungen auf die Effizienz der Mitarbeiter haben. Deshalb lautet der Rat des Unternehmensberaters, erst einmal die Ziele zu klären.

Doch was bedeutet das konkret: Die Ziele klären? „Effizienzsteigerung" beispielsweise oder „Verbesserung der Position im Markt" klingen gut, sind aber recht global. Damit Ziele jedoch tatsächlich als Basis für die Entwicklung einer Mitarbeiterbeurteilung genutzt werden können, müssen sie sehr viel präziser gefaßt werden. Statt also allgemein von Effizienzsteigerung zu sprechen, sollte man konkret sagen, wie diese Steigerung realisiert werden soll. Etwa, um ein paar Beispiele zu nennen, indem man sagt, daß die Kundenzahl um einen konkreten Prozentsatz vergrößert werden soll, oder daß der Umsatz auf eine definierte Zahl gesteigert werden muß, oder daß das bestehende Produktangebot des Unternehmens in konkret benannten Bereichen erweitert werden muß.

4.3.2 Die Entwicklungsphase

Auf der Basis der Ziele, die die Unternehmensleitung mit einem Beurteilungsverfahren anstrebt, legt sie die Methodik fest. Das heißt, sie entscheidet, welches Grundverfahren – ein merkmalsorientiertes oder ein zielorientiertes – den größeren Nutzen verspricht. Sie bestimmt die hierarchische Beurteilungsrichtung, legt die Zielgruppe(n) fest, die beurteilt werden soll(en) und entwickelt die zu dem ausgewählten Grundverfahren gehörenden Bestandteile (Merkmalskatalog, Vorgaben für Ziele, Bewertungsskalen etc.). Sie bestimmt den Beurteilungszeitraum und das Prozedere der Ergebnisdiskussion. Sie legt fest, ob das Beurteilungsergebnis in die Personalakte kommt und/oder welche sonstigen Konsequenzen damit verbunden werden sollen (Festlegung variabler Vergütung etc.). Die Unternehmensleitung sollte sehr sorgfältig prüfen, ob die vorgesehenen Maßnahmen tatsächlich dem Erreichen der angestrebten Ziele dienen, empfiehlt Unternehmensberater Dr. Kleine. Beabsichtigt das Unternehmen beispielsweise, interne Leistungsvergleiche zwischen Abteilungen, Projektgruppen oder einzelnen Mitarbeitern vorzunehmen, so müssen standardisierte Verfahren zur Anwendung kommen, mit denen die individuellen Leistungen und/oder Verhaltensweisen am Arbeitsplatz im Verhältnis zur Leistung der Bezugsgruppe (Abteilung, Gesamtunternehmen) gemessen werden. Besteht das Ziel des Beurteilungsverfahrens dagegen darin, den einzelnen Mitarbeiter im Sinne des Unternehmens möglichst effizient zu fördern und zu entwickeln, so sind nicht-standardisierte (sog. zielorientierte) Verfahren das geeignetere Instrument. Im fünften Kapitel wird am Beispiel von BP dargestellt, daß sich beide Ausrichtungen durchaus verbinden lassen – auch wenn es Berater gibt, die einen solchen Mix ablehnen.

Die Entscheidung, welche der erwogenen Maßnahmen schließlich realisiert werden, muß nach Ansicht des Unternehmensberaters zwingend in der obersten Führungsebene fallen.

„Nur dort können die strategischen Entscheidungen getroffen werden. Dort müssen aber auch die weiteren Schritte, die den Erfolg der Vorbereitungsphase ausmachen, unternommen werden", sagt Dr. Kleine. Diese Schritte betreffen die finanziellen und personellen Ressourcen für das Projekt. Es müssen Projektverantwortliche benannt und ein erster Zeitplan für die Realisierung des Projekts muß entwickelt werden. Zwar dürfte dieser Zeitplan im Verlauf der Projektentwicklung mehrfach korrigiert werden – die meisten Unternehmen planen zu knapp –, trotzdem bietet er eine erste Orientierung. Und – beinahe noch wichtiger – er verleiht dem Projekt den notwendigen verbindlichen Charakter.

4.3.3 Zwischenruf: Wann wird wer informiert?

Ein wesentlicher Erfolgsfaktor bei der Einführung eines Verfahrens zur Mitarbeiterbeurteilung ist die geschickte Vermittlung des Projekts. Die Unternehmensleitung muß klären, wen sie zu welchem Zeitpunkt über das Projekt informieren und wen sie an der Arbeit daran beteiligen will – eine äußerst heikle und in den Unternehmen umstrittene Frage, zumal, wenn es um den Betriebsrat geht. Mitarbeiterbeurteilung ist zumindest für den tariflichen Bereich zustimmungspflichtig. Die breite Akzeptanz des Verfahrens ist aber auch unabhängig von der formalen Zustimmungspflicht eine Voraussetzung dafür, daß es sinnvoll und effektiv angewendet wird. „Wenn der Betriebsrat mauert oder das Projekt verhindern will, dann wird man es kaum erfolgreich an den Start bringen", sagt Dr. Kleine. Deshalb müsse die Unternehmensleitung für sich klären: Wann ist der günstigste Zeitpunkt, um den Betriebsrat in die Planung einzubeziehen? Soll dazu erst einmal der informelle Weg gewählt werden? Das heißt: Gibt es jemanden aus der Geschäftsführung, der zum Betriebsratsvorsitzenden oder dessen Stellvertreter einen guten Draht hat und den man

125

zunächst inoffiziell unterrichten kann? Oder will man gleich den offiziellen Weg einschlagen und den Betriebsrat auch an der konkreten Planung beteiligen? „Für die erfolgreiche Startphase ist dieser Punkt von erheblicher Bedeutung", so Dr. Kleine.

Dabei sollte sich die Frage des geeigneten Informationszeitpunktes nicht auf den Betriebsrat beschränken, sondern sie muß lauten: Wer ist überhaupt in die Überlegungen einzubeziehen? „Für mich ist es genauso wichtig zu entscheiden, wer aus dem Vorstand oder, je nach Rechtsform, wer aus der Geschäftsleitung der unmittelbare Ansprechpartner für das Projekt ist. Ohne einen solchen Verantwortlichen gehen viele dieser Projekte baden. Denn man braucht, quasi als Sponsor, jemanden von ganz oben", erklärt der Berater dazu. Es handelt sich zwar um ein äußerst chancenreiches, aber auch um ein hochbrisantes Thema. Deshalb sollte, wenn innerhalb des Projekts etwas zu entscheiden ist, das möglichst schnell gehen. Vor allem in großen Firmen gelinge dies nur, wenn man den direkten Draht nach ganz oben hat. „Jedenfalls kann ein solches Projekt nicht in der dritten und vierten Ebene gefahren werden. Dort kann zwar sehr gute Zuarbeit geleistet werden. Aber die Entscheidungen müssen rasch von verantwortlicher Stelle getroffen werden."

4.3.4 Die Diskussionsphase

Nachdem in der Entwicklungsphase über Ziele des Unternehmens, über die daraus abgeleitete Ausrichtung des Beurteilungsverfahrens, über Methoden der Leistungserfassung und -bewertung sowie die Nutzung der Beurteilungsergebnisse entschieden worden ist, folgt die Diskussionsphase. Mitarbeiter und Führungskräfte werden über das Vorhaben, eine Mitarbeiterbeurteilung einzuführen, informiert. Sie erfahren, mit welchen Instrumenten Leistungen und/oder Verhalten zukünftig erfaßt und bewertet werden sollen und welche Auswirkungen das Ergebnis auf den einzelnen Beurteilten hat. Sinnvollerweise wird diese Information im Rahmen einer Betriebsversammlung vermittelt. Dabei kann, anders als bei schriftlichen Mitteilungen, bereits über das geplante Vorhaben mit den Mitarbeitern diskutiert und ein erstes Meinungsbild eingeholt werden.

Diese erste Information löst Diskussionen zu zwei Bereichen aus: erstens über die Unternehmensziele und zweitens über die Tatsache, daß zukünftig regelmäßig Leistungen beurteilt werden, gegebenenfalls auch an variable Vergütung gekoppelt.

Zum Stichwort Ziele: Es wurde bereits darauf hingewiesen, daß sie so konkret wie möglich formuliert werden müssen, um wirksam zu sein. Das gilt auch dann, wenn die Abteilungen auf der Basis der Unternehmensziele die für ihren Bereich relevanten Ziele diskutieren und festlegen. Das erfordert eine Menge Zeit und Mühe. Manche Beurteilungsverfahren kommen deshalb gar nicht erst an den Start, weil es allen Beteiligten zu mühsam ist, konkrete, nachprüfbare Ziele zu formulieren und im Konsens zu verabschieden. Doch wer sich durch diese arbeits- und diskussionsreiche Phase hindurchgearbeitet hat, stellt fest, daß sie sich gelohnt hat: Je konkreter die Ziele gefaßt sind, desto verbindlicher und desto hilfreicher sind sie für die tägliche Arbeit. Und sie sind, je konkreter, desto leichter zu überprüfen und zu beurteilen.

Schwieriger als die Diskussion über Ziele gestaltet sich erwartungsgemäß die Debatte über das Verfahren an sich. Mitarbeiter und Betriebsräte reagieren – wie bereits dargestellt – im allgemeinen skeptisch auf das Vorhaben, ein Beurteilungsverfahren einzuführen. Ihr Argwohn, daß damit Besitzstände gekappt und Personalkosten gedrückt werden sollen, ist nachvollziehbar. „Alle kennen natürlich die Diskussion um die zu hohen Personalkosten in Deutschland, um den Wettbewerbsdruck und so weiter. Das Thema, wie effizient

man hier arbeitet, wird ja meistens nicht mitberücksichtigt",
sagt Dr. Kleine. Der Verdacht lautet also: Da versucht die
Geschäftsleitung mit viel schönem Reden und geschickten
Strategien nach dem Motto „Wir beziehen euch mit ein", die
Personalkosten zu reduzieren. Sie versucht, den Besitzstand
derer, die schon da sind, zu minimieren und für alle, die
zukünftig eingestellt werden sollen, möglichst wenig zu
bezahlen.

Doch das sind nicht die einzigen Vorbehalte gegen eine
Mitarbeiterbeurteilung. Ein anderer betrifft die Frage der
Subjektivität. Häufig fürchten Mitarbeiter, daß über ihre
berufliche Zukunft nach Gutsherrenart verfügt wird und, wenn
vom Beurteilungsergebnis auch finanzielle Zuwendungen ab-
hängen, daß in entsprechender Weise auch über das Geld
entschieden wird. „Ich höre häufig von Mitarbeitern, Betriebsräten und auch von Gewerkschaften, daß 50 Prozent der
Führungskräfte im Sinne einer Personalführung unterentwik-
kelt sind. Dies führt dazu, daß sich ein großer Teil der
Mitarbeiter einem hohen Maß an Ungerechtigkeit ausgeliefert
fühlt und sich dem nicht widersetzen kann. Da muß man dann
Mechanismen finden, um diese Ängste abzubauen beziehungsweise schützend einzugreifen", sagt Dr. Kleine. Der Rat
des Experten: Zumindest einen Teil der Beurteilung der
Mitarbeiter durch die Personalabteilung vornehmen zu lassen.
Die gesamte Methodik, mit der man das System ausstattet,
gehöre dazu. „Meiner Meinung nach kann es zum Beispiel
nicht sein, daß eine Führungskraft, die ja eine Menge Manage-
mentfunktionen ausüben muß, nun noch zusätzlich die Aufgabe erhält, ein Controlling der Zielvereinbarungen sicherzustellen. Das muß von außen kommen, also beispielsweise von
der Personalabteilung", so Dr. Kleine. Wenn diese ein ge-
schicktes System aufbaue, helfe das durchaus, die Führungskraft dazu zu zwingen, sich an den objektiven Daten zu
orientieren – und damit eine möglichst gerechte Beurteilung
zu gewährleisten.

Die zweite Möglichkeit, um Vorbehalte aufzugreifen, bestehe darin, die Personalabteilung in bestimmten Bereichen hinzuzuziehen. Das heiße nicht, daß die Führungskraft hier ersetzt werden soll. Aber in Gesprächen mit dem Betriebsrat könne es hilfreich sein, wenn anstelle einer mit dem Verfahren weniger vertrauten Führungskraft das Gespräch von einem Vertreter aus der Personalabteilung geführt wird.

4.3.5 Die Betriebsvereinbarung

Es wurde bereits darauf hingewiesen: Mitarbeiterbeurteilung ist zumindest für den tariflichen Bereich zustimmungspflichtig. Die grundsätzliche Entscheidung, ob Mitarbeiterbeurteilung im Betrieb eingeführt werden soll, liegt zwar beim Arbeitgeber – vorausgesetzt, es liegt keine tarifliche Vereinbarung vor, die die Anwendung eines Verfahrens zur Mitarbeiterbeurteilung regelt. Doch wenn er die Mitarbeiter regelmäßig beurteilen will, hat nach § 94 Absatz 2 des Betriebsverfassungsgesetzes der Betriebsrat ein Mitbestimmungsrecht bei der Aufstellung allgemeiner Beurteilungsgrundsätze. Nach § 82 Absatz 2 kann der einzelne Mitarbeiter verlangen, daß mit ihm die Beurteilung seiner Leistungen und die beruflichen Entwicklungsmöglichkeiten im Unternehmen diskutiert werden. Nach § 83 hat der Mitarbeiter das Recht auf Einsicht in die Personalakte, in die in vielen (nicht allen) Fällen das Beurteilungsergebnis aufgenommen wird.

Das bedeutet, daß das Unternehmen auch aus formalen Gründen so früh wie möglich einen breiten Konsens über das Vorhaben an sich und über die konkrete Ausgestaltung des Beurteilungsverfahrens erlangen muß. Die Vorbehalte, die seitens der Mitarbeiter und des Betriebsrates bestehen, wurden bereits dargestellt. Unternehmensberater Dr. Thomas Kleine nennt einige konstruktive Möglichkeiten, diese Vorbehalte abzubauen:

■ Es sollte ein gemeinsames Zielverständnis mit dem Betriebs-rat erarbeitet werden. Das Projekt wird mit Sicherheit nur dann erfolgreich sein, wenn Geschäftsleitung und Betriebsrat auf der Betriebs- oder Personalversammlung nicht zerstritten wirken. „Das heißt ganz konkret: Zu dem Zeitpunkt, zu dem zum ersten Mal über die Planung gesprochen wird, sollte unbedingt eine Übereinstimmung mit dem Betriebsrat beste-hen. Das gilt selbst dann, wenn sich das geplante System zunächst nur auf den außertariflichen Bereich bezieht", sagt Dr. Kleine.

■ Es sollte überlegt werden, was in welcher Form vermittelt werden soll. Die Planung eines Beurteilungsverfahrens könne man niemals hundertprozentig unter der Decke hal-ten. „Irgendwann ist das erste Gerücht da. Und wenn darauf nicht umgehend mit wahrer Information reagiert wird, ent-stehen schnell neue Gerüchte, und die verstärken sich, je nachdem, welche Neigung, welche Sorgen und weiteren Absichten der Gerüchteträger hat. Selbst mit dem besten System haben Sie da erst einmal eine Menge zu tun, um eine solide Arbeitsgrundlage zu schaffen", so Dr. Kleine.

■ Die Führungskräfte sollten Informationen über das ge-plante Verfahren in ihren Abteilungen verbreiten und disku-tieren. Hilfreich ist, den Mitarbeitern schriftliches Informa-tionsmaterial auszuhändigen, auf dessen Basis dann in gemeinsamen Sitzungen diskutiert werden kann.

■ Durch eine Arbeitsgruppe oder auch durch die Führungs-kräfte sollte man die Vorbehalte, Sorgen und Ängste innerhalb der Belegschaft sammeln lassen. Das setze natür-lich eine hohe Bereitschaft zur Kommunikation voraus. Die allerdings fehle in vielen Unternehmen. „Statt dessen erleben wir als Berater immer wieder die Haltung, daß der Zeitpunkt der Information von Woche zu Woche hinausge-schoben wird. Die Leute ahnen gar nicht, welche Gerüchte während dieser Wochen schon in Umlauf sind", sagt Dr. Kleine. Dabei bestehe für diese Geheimniskrämerei gar kein Grund. Es sei schließlich nichts Böses, keine verwerfliche Idee, Personalentwicklungsmaßnahmen einzuführen.

4.3.6 Die Implementierungsphase

Ziele und Methodik liegen fest. Die Mitarbeiter sind informiert. Die Betriebsvereinbarung – falls erforderlich – ist abgeschlossen: Das Verfahren zur Mitarbeiterbeurteilung kann an den Start gehen. Das bedeutet in vielen Unternehmen zunächst einmal: Die Führungskräfte werden in der Anwendung des Verfahrens geschult. Sofern das Verfahren formulargestützt abläuft, erhalten alle Mitarbeiter die entsprechenden Unterlagen, dazu ggf. Erläuterungen sowie einen Zeitplan, aus dem hervorgeht, wann die erste Runde der Beurteilungsgespräche stattfinden wird.

Sofern das Unternehmen zusätzlich oder ausschließlich ein zielorientiertes Verfahren anwendet, sollten im ersten Schritt die Unternehmensziele abteilungsbezogen diskutiert und zunächst die für eine Abteilung relevanten Ziele vereinbart werden. Das empfiehlt Unternehmensberater Dr. Kleine. Falsch wäre seiner Ansicht nach, wenn die Ziele zu diesem frühen Zeitpunkt nur zwischen der Führungskraft und den einzelnen Mitarbeitern vereinbart werden. Und der Vorgesetzte seine Aufgabe darin sähe, permanent nur zu messen, Daten zu erheben und zu kontrollieren. Zielvereinbarungen dienten letztendlich dazu, daß die Mitarbeiter mehr Bereitschaft zu Verantwortung entwickeln, daß sie sich mit den Gesamtzielen des Unternehmens stärker identifizieren und ein Interesse daran entwickeln, ihren Teil dazu beizutragen, damit diese Ziele erreicht werden. „Das heißt aber auch, daß wir den Mitarbeitern die Kompetenz geben müssen, die für ihre Abteilung oder Gruppe relevanten Ziele gemeinsam zu erreichen. Individuelle Zielvereinbarungen würden da geradezu kontraproduktiv wirken", ist Dr. Kleine überzeugt.

Daraus folgt für den Berater, daß zumindest in dieser frühen Phase noch keine individuellen Zielvereinbarungen getroffen werden sollten. „Individualziele führen häufig zu starken Egoismen, die genau das verhindern, was eigentlich erreicht werden soll: Identifikation mit den Unternehmenszielen und daraus abgeleitet eigenständiges Formulieren von solchen Zielen, die in einer konkreten Abteilung erreicht werden können", erläutert Dr. Kleine. Aus Beratersicht heißt das: Im ersten Schritt niemals Individualziele vereinbaren – leitende Mitarbeiter sind hiervon ausgenommen. Das könne man sich zwar im Rahmen der Betriebsvereinbarung für einen späteren Zeitpunkt offenhalten. Aber die Anfangsphase sollte damit nicht vorbelastet werden.

Angesichts der Diskussionen, die im Unternehmen mit der Einführung eines Beurteilungsverfahrens stattfinden, ist es nicht verwunderlich, daß sich die Startphase hinziehen kann. Die meisten Unternehmen verschätzen sich in diesem Punkt erheblich. Denn, wie Unternehmensberater Dr. Kleine sagt: „Innerhalb von 14 Tagen ist das nicht zu machen." Ein ehrgeiziges Ziel wäre, ein Beurteilungsverfahren innerhalb eines halben Jahres in Gang zu bringen. Aber realistisch sei es, ein volles Jahr zu rechnen von der ersten Idee bis hin zur vernünftigen Umsetzung. Wobei zu überlegen sei, ob man zunächst einmal ein Pilotprojekt startet. Es könne in Teilbereichen des Unternehmens angesiedelt sein und löse, wenn es erfolgreich arbeitet, eine gewisse Sogwirkung für den Rest des Unternehmens aus, der in der Diskussionsphase vielleicht noch Vorbehalte hatte.

Entscheidend für die Dauer der Vorbereitungs- und Implementierungsphase sei der Stellenwert, den die Personalabteilung im Unternehmen genießt. „Das ist von Unternehmen zu Unternehmen sehr verschieden. Das reicht von der Haltung, daß man sie eigentlich outsourcen kann, bis hin zur Ansicht, daß die Abteilung eine der wichtigsten Innovationsquellen im Unternehmen des nächsten Jahrhunderts ist. Letzteres haben allerdings bislang die wenigsten bemerkt", stellt Dr. Kleine fest.

4.3.7 Die Auswertung

Eine wichtige Funktion hat die Personalabteilung nicht nur bei der Entwicklung und Einführung der Mitarbeiterbeurteilung, sondern auch bei der kritischen Begleitung des Verfahrens und seiner Auswertung. Nach Ansicht des Unternehmensberaters sollte einmal mit allen Beteiligten ein Beurteilungsdurchgang als Test absolviert sein, bevor man das Verfahren erstmals kritisch unter die Lupe nimmt. Dann müßten unter Umständen Veränderungs- und Verbesserungsvorschläge entwickelt werden. Nach diesem ersten Durchgang könne es auch sinnvoll sein, die Mitarbeiter zu ihren Erfahrungen mit dem Verfahren zu befragen.

Grundsätzlich sollte man das System jedes Jahr auf den Prüfstand stellen. Man hat also nicht fünf Jahre lang Ruhe vor dem System, nachdem es eingeführt worden ist. „Man sollte zwar insofern Ruhe haben, als man keine Arbeitsgruppen mehr braucht oder Beraterkosten entstehen. Aber die laufende Begleitung und Anpassung an veränderte Gegebenheiten im Unternehmen ist ganz wichtig", so Dr. Kleine. Und dafür müsse es Verantwortliche geben, Menschen im Unternehmen, die sich mit dem System identifizieren, die eine Bestandsaufnahme machen, die die Positiva und Negativa dokumentieren und dann, wenn es nötig ist, Veränderungen vornehmen.

Checkliste für die Einführung eines Beurteilungsverfahrens

	Ja	Nein
Tarifvertraglich vereinbartes Verfahren?		
Betrieblich zu vereinbarendes Verfahren?		
▪ Hauptziele festgelegt?		
▪ Übereinstimmung mit anderen personalpolitischen Instrumenten berücksichtigt?		
▪ „Anwender" an der Entwicklung des Systems beteiligt?		
▪ Anwendbarkeit des Verfahrens gegeben?		
▪ Fachliche Beratung von außen erforderlich?		
▪ Betriebsvereinbarung abgeschlossen?		
Argumente für das Verfahren gesammelt?		
Mögliche Gegenargumente erörtert?		
▪ bei der Belegschaft?		
▪ bei den Vorgesetzten?		
▪ Informationsverfahren festgelegt?		
▪ Vorgesetzte: schriftlich? mündlich?		
▪ Belegschaft: schriftlich? mündlich? Tonbildschau?		
▪ Personalvertretung in das Informationsverfahren einbezogen?		
▪ Geregelt, wer aufkommende Fragen („Ventil für spontanen Unmut") beantwortet?		
Umfassende Schulung der Vorgesetzten vorbereitet?		
▪ Kompetente Trainer vorhanden?		

	Ja	Nein
▨ Schriftliches Informationsmaterial vorbereitet?		
▨ Ablauf der Schulungsveranstaltungen geplant?		
▨ Termine (einschließlich Nachholtermine) für Schulungsveranstaltungen geplant?		
▨ Künftige Einbeziehung des Themas Beurteilung in Vorgesetztenschulung vorgesehen?		
▨ Auskunftsstelle für Vorgesetzte bei auftretenden Problemen während der Beurteilung vorgesehen?		
Sinnvolles Ineinandergreifen von Information, Schulung und praktischer Einführung geplant?		
Abgabetermin für die erste Beurteilung vorgesehen?		
Auswertung der Beurteilung geplant?		
Maßnahmen für den Fall gehäufter Beurteilungsfehler (z.B. Rückgabe an Beurteiler zur Korrektur) vorgesehen?		
Konsequenzen aus der Beurteilung (Fortbildungsmaßnahmen, leistungsgerechte Entgeltgestaltung u.ä.) geplant?		
Geplant, was geschieht, wenn sich erster „Durchgang" als unbrauchbar erweist?		
Geplant, die Reaktion von Mitarbeitern und Vorgesetzten auf das neue Verfahren zu erforschen?		
Möglichkeit künftiger Korrekturen des Beurteilungsverfahrens (Lernen aus Fehlern) vorgesehen?		

Quelle: Bundesvereinigung der Deutschen Arbeitgeberverbände, Ausschuß betriebliche
Personalpolitik, Bergisch Gladbach 1986, S. 10

135

4.4 Was Mitarbeiterbeurteilung nicht leistet

Hindernisse/Strategien zur Beseitigung/Klarheit bei den Zielen

Um es noch einmal deutlich zu sagen: Mitarbeiterbeurteilung kann zwar eine ganze Menge bewegen im Unternehmen, aber sie ist kein Instrument, um sämtliche Defizite und Mängel in einem Unternehmen zu beseitigen. Im folgenden geht es darum zu zeigen, daß und wie Hindernisse zunächst aus dem Weg geräumt werden müssen, damit das Beurteilungsverfahren als wirkungsvolles Instrument zur Personalführung und -entwicklung taugt.

Hindernis 1: Mangelhafte interne Kommunikation
Beseitigung: Trainingsmaßnahmen für Führungskräfte

Systematische Mitarbeiterbeurteilung setzt eine einigermaßen funktionierende interne Kommunikation voraus. Sie ist kein Instrument, um diese überhaupt erst in Gang zu bringen. Im Gegenteil: Wenn, wie der Geschäftsführer eines Verbandes beklagt, die Kommunikation zwischen den Hierarchieebenen nur bruchstückhaft stattfindet, ist der Versuch, ein Verfahren zur systematischen Beurteilung einzuführen von vornherein zum Scheitern verurteilt. Es fehlt das notwendige Vertrauensverhältnis zwischen der Vorgesetzten- und der Mitarbeiterebene, um über Arbeitsleistungen und -verhalten offen diskutieren zu können, um mögliche Defizite zu analysieren und konstruktiv nach Wegen ihrer Beseitigung zu suchen. Beiersdorf-Personalchef Dr. Werner Opgenoorth hatte bereits festgestellt: Vielen Vorgesetzten fehlt die dazu erforderliche Sensibilität. Oder sie verfügen nicht über die geeigneten Gesprächstechniken, die nötig sind, damit das Beurteilungsgespräch ohne Peinlichkeit und innere

Verletzungen für den Mitarbeiter verlaufen kann. Es ist deshalb ratsam, vorhandene Defizite im Bereich der internen Kommunikation vorab zu beseitigen. Erster Schritt dazu sind Kommunikationsseminare für Führungskräfte. Inhalt dieser Seminare: Voraussetzungen zu erfahren, die zur Schaffung einer für ein Beurteilungsgespräch geeigneten Atmosphäre wichtig sind und Gesprächstechniken anwenden zu lernen, die die konstruktive Diskussion auch über unangenehme Inhalte ermöglicht.

Hindernis 2: Fehlende Anforderungsprofile
Beseitigung: Konkrete Stellenbeschreibungen formulieren

Ein weiteres Hindernis für die Einführung systematischer Beurteilung: Die Mitarbeiter kennen nur sehr vage die Anforderung, die der Vorgesetzte an sie stellt. Ein Beispiel: In einem Unternehmen kritisieren die Mitarbeiter, daß keinerlei Stellenbeschreibungen vorliegen. Weder wissen sie, welche fachlichen und sonstigen Voraussetzungen für die Besetzung einer Stelle im Unternehmen notwendig sind, noch kennen sie die Anforderungen, die ihre Vorgesetzten an ihre tägliche Arbeit stellen. In dieser Situation schlägt die Geschäftsführung vor, ein Beurteilungsverfahren einzuführen. Die Reaktion der Belegschaft ist programmiert: die Mitarbeiter, allen voran der Betriebsrat, mauern. Solange die Grundlage für eine Beurteilung völlig nebulös ist, wollen sie sich auf ein solches Verfahren nicht einlassen, zumal geargwöhnt wird, daß es auch zur Festlegung der Gehälter herangezogen werden soll. Der Kompromiß, den beide Seiten in dem konkreten Fall gefunden haben: Die Vorgesetzten formulieren zunächst einmal für sämtliche Stellen im Unternehmen konkrete Anforderungsprofile. Die werden mit dem Betriebsrat und den Mitarbeitern diskutiert und im Konsens verabschiedet. Die Anforderungsprofile liefern die Voraussetzung dafür, daß im Rahmen eines Beurteilungsverfahrens Bewertungskategorien aufgestellt und Zielvereinbarungen getroffen werden.

Hindernis 3: Fehlende Unternehmensziele
Beseitigung: Analyse der Ist-Situation des Unternehmens;
daraus Ableitung und Formulierung konkreter Ziele

Jede Unternehmensleitung, die nach ihren Zielen befragt wird, wird darauf zumindest mit allgemeinen Aussagen zur strategischen Ausrichtung antworten können: Man wolle sich am Markt behaupten, möglichst besser sein als die Konkurrenz, den Umsatz steigern etc. Solche unspezifischen Aussagen haben wenig zu tun mit den für ein Beurteilungsverfahren notwendigen konkreten Unternehmenszielen. Trotzdem versuchen Unternehmen, sich vor der – mit Zeit und Kosten verbundenen – Aufgabe der konkreten Zieldefinition zu drücken.

Statt die Ist-Situation im Vergleich zum Wettbewerb zu analysieren, die Produkte einzuordnen, das Image beim Kunden zu ermitteln, konkrete Defizite festzustellen und daraus abgeleitet Ziele für einen fixierten Zeitraum zu formulieren, versuchen vor allem kleinere Unternehmen, sich so durchzuwursteln. Einmal im Jahr appellieren sie an die Belegschaft, sich noch mehr anzustrengen, noch besser zu sein als bisher. Auf dieser Basis läßt sich zwar ein Beurteilungsverfahren einführen – insofern liegt das Hindernis „fehlende Unternehmensziele" auf einer etwas anderen Ebene als die Hindernisse „interne Kommunikation" und „Anforderungsprofile". Allerdings kann das Beurteilungsverfahren im Sinne der Zielerreichung kaum effizient arbeiten.

Jeder Abteilungsleiter im Unternehmen und jeder einzelne Mitarbeiter muß die konkreten, auf einen bestimmten Zeitraum bezogenen Unternehmensziele kennen. Er muß die für seinen Arbeitsbereich relevanten Teilziele daraus ableiten. Diese Teilziele bilden die Grundlage für die Beurteilung seiner Arbeit. Sie stellen den Zusammenhang her zwischen seiner persönlich erbrachten Arbeit und seinem persönlichen Erfolg einerseits und dem Erfolg des gesamten Unternehmens andererseits. Das ist die Voraussetzung dafür, daß das Beurteilungsverfahren auch die Motivation des Mitarbeiters steigert.

Hindernis 4: Patriarchalisches Führungsverhalten
Beseitigung: Zielorientiertes Führen

Systematische Mitarbeiterbeurteilung kann als reines Kontroll- und Disziplinierungsinstrument angewendet werden. In einem solchen Fall reicht es aus, daß die Vorgesetzten regelmäßig die von ihren Mitarbeitern erbrachten Leistungen messen und diese nach vorgegebenen Kriterien bewerten. Das Ergebnis kommt in die Personalakte und wird unter Umständen zur Ermittlung des Gehalts herangezogen. Patriarchalische Führungsstrukturen bilden bei dieser Form der Mitarbeiterbeurteilung kein Hindernis.

In den letzten Jahren ist allerdings ein anderer Trend bei der Anwendung von Beurteilungsverfahren zu beobachten: Immer mehr Unternehmen ziehen die Beurteilung heran, um auf der Basis der Ergebnisse die Mitarbeiter individuell zu fördern und im Interesse des Unternehmens zu entwickeln. Das setzt ein eher partnerschaftliches zielorientiertes Führen der Mitarbeiter voraus. Sie sollten die Möglichkeit erhalten, offen mit ihrem Vorgesetzten über Stärken und Schwächen zu diskutieren. Und zwar möglichst sowohl über die eigenen als auch über die Schwächen oder Defizite des Vorgesetzten. Im Rahmen des Beurteilungsverfahrens sollen die Mitarbeiter ermutigt werden, ihre Erwartungen an ihren Vorgesetzten zu artikulieren. Sie sollten die ihrer Ansicht nach erforderlichen Bedingungen benennen, die sie für eine optimale Arbeitsleistung brauchen. Noch bevor ein Verfahren zur Mitarbeiterbeurteilung entwickelt wird, sollte sich jedes Unternehmen darüber klar werden, welche Führungskultur es zur Zeit pflegt und welche es in Zukunft pflegen will. Unklare oder widersprüchliche Ausrichtungen des Führungsverhaltens sind ein Hindernis für den gezielten Einsatz einer Mitarbeiterbeurteilung. Auch dazu ein Beispiel: Der Personalverantwortliche eines Unternehmens plant die Einführung eines Beurteilungsverfahrens. Ziel ist unter anderem, die Kommunikation zwischen den Hierarchieebenen zu verbessern. Das Beurteilungsverfahren soll folgendermaßen ablaufen: Der direkte Vorgesetzte legt einen schriftlichen Beurteilungsbericht über seinen Mitarbeiter vor. Der Mitarbeiter erhält den Bericht. Der Mitarbeiter muß über diesen Bericht nicht nur mit seinem direkten, sondern gleichzeitig auch mit dem nächsthöheren Vorgesetzten diskutieren. Das Ergebnis der Beurteilung kommt in die Personalakte.

Die ungleiche Gesprächskonstellation – zwei Vorgesetzte gegenüber einem Mitarbeiter – begründet der Geschäftsführer damit, daß „die für eine Beurteilung erforderliche Distanz" zwischen dem direkten Vorgesetzten und dem Mitarbeiter nicht groß genug sei. Deshalb solle – quasi als Garant für eine strenge Beurteilung – der nächsthöhere Vorgesetzte ebenfalls an dem Gespräch teilnehmen. Unklar ist bei diesem Vorgehen, welche Führungskultur das Unternehmen tatsächlich anstrebt: Die in dem Anforderungsprofil für das Beurteilungsverfahren postulierte Verbesserung der Kommunikation zwischen den Hierarchieebenen? Oder eine Betonung der bestehenden Hierarchie und damit auch eine Festigung der patriarchalischen Führungskultur?

Fazit: Ein Unternehmen, das systematische Mitarbeiterbeurteilung einführen will, sollte prüfen, ob diese Ziele mit der Unternehmenskultur vereinbar sind. Gegebenenfalls müssen vorhandene Hindernisse zunächst beseitigt werden, bevor mit der Entwicklung eines Beurteilungsverfahrens begonnen werden kann.

4.5 Aller Anfang ist schwer: Interview mit dem Projektleiter eines Personalentwicklungssystems

Entwicklungszeit/Betriebsrat/Kombination von drei Systemen

Der Weg von der Theorie zur Praxis kann mitunter ganz schön lang sein. Diese Erfahrung machen nicht wenige Unternehmen, die sich dazu entschließen, ein Verfahren zur Mitarbeiterbeurteilung einzuführen. Selbst wenn die Voraussetzungen für die Einführung eines solchen Verfahrens denkbar günstig sind – wenn die Unternehmensleitung geschlossen hinter dem Projekt steht, wenn Konsens über die angestrebten Ziele herrscht und die Ausrichtung des Verfahrens klar ist –, dauert es für gewöhnlich erheblich länger als geplant, bis das Verfahren tatsächlich angewendet werden kann. Mit einer Einführungsphase von zwei Monaten habe man gerechnet, tatsächlich habe es zwei Jahre gedauert, bis man an den Start gehen konnte, beschreibt Benno Grünheidt von der Hanse-Merkur Versicherungsgruppe stellvertretend für viele Mitarbeiter in Personalabteilungen die Erfahrung, die sein Unternehmen gemacht hat.

Eigentlich ist der lange Zeitraum kein Malheur: schließlich handelt es sich bei der Einführung eines Verfahrens zur Mitarbeiterbeurteilung um eine einschneidende Maßnahme, für die eine angemessene Vorbereitungszeit aufgewendet werden sollte. Zumal die Einführung Geschicklichkeit und Offenheit bei der internen Diskussion erfordert. Wer jedoch in der Absicht, Zeit zu sparen, das Projekt zu einer Art geheimer Verschlußsache macht, an der nur ein kleiner Kreis Auserwählter beteiligt ist, kommt wohl zunächst zügig voran. Aber er könnte am Ende doch die Erfahrung machen, daß die eingesparten Diskussionen doppelt und dreifach nachgeholt

141

werden müssen. Die Vorstellung der totalen Geheimhaltung eines solchen Projekts ist unrealistisch. Die Gerüchte, die im Laufe der Zeit kursieren, könnten die Sargnägel für das Projekt sein, auch wenn es noch so gründlich geplant worden ist. Jegliche Veränderung im Bereich der Personalarbeit ist geeignet, das Mißtrauen der Belegschaft und des Betriebsrates zu wecken. Die Sorge, daß mit den geplanten Veränderungen – hier also einem Beurteilungsverfahren – Arbeitsplätze abgebaut werden sollen, ist in heutiger Zeit nicht unbedingt abwegig. Deshalb also mag es zwar zunächst zeitaufwendig und umständlich, für das Gelingen des Projekts aber dienlich sein, frühzeitig die gesamte Belegschaft einzubeziehen.

Allemal nützlich ist es, sich vor der Einführung eines Beurteilungsverfahrens bei anderen Unternehmen zu informieren und zu sehen, wie sie diese Phase gemeistert haben. Von den Fehlern wie auch von den positiven Erfahrungen anderer kann man durchaus profitieren.

Ein positives Beispiel dafür, wie die Einführungsphase gemeistert werden kann, liefert ein mittelständischer Versicherer in Hamburg. Die Hanse-Merkur Versicherungsgruppe a.G. hat Anfang 1999 ihr Verfahren zur Mitarbeiterbeurteilung an den Start gebracht. Über die Einführungsphase, auftretende Schwierigkeiten und erfolgreiche Lösungsstrategien sprachen wir mit dem Projektleiter bei der Hanse-Merkur, Benno Grünheidt.

Benno Grünheidt ist Leiter der Gruppe Personalentwicklung, Aus- und Weiterbildung. In dieser Funktion ist er verantwortlich für die Ausbildung von Versicherungskaufleuten. Außerdem plant und organisiert er für alle angestellten Mitarbeiter Weiterbildungs- und Trainingsseminare. An der Idee, im Unternehmen ein Beurteilungsverfahren einzuführen, hat Benno Grünheidt von Anfang an mitgearbeitet.

Was ist der Kern des Beurteilungssystems, das Sie demnächst einführen werden?

Grünheidt: Eigentlich haben wir gar kein Beurteilungssystem. Mit der Konzeption und mit der Ausrichtung unseres Systems wollen wir uns nicht so sehr auf die Beurteilung konzentrieren, sondern auf die Weiterentwicklung von Menschen und Organisationsbereichen. Im Grunde haben wir eine Verbindung von drei Systemen geschaffen: eine Zielvereinbarung, eine Mitarbeiter- und Vorgesetztenbeurteilung sowie, als dritten Punkt, die Entwicklungsplanung.

Wie verbinden Sie diese drei Elemente miteinander zu einem System?

Grünheidt: Diese Verbindung würde ich als die Besonderheit des Systems bei der Hanse-Merkur bezeichnen. Sie funktioniert folgendermaßen: Wir treffen durchgängig für das gesamte Unternehmen von der Vorstandsebene über die Abteilungs- und Gruppenleiter bis zum Mitarbeiter Zielvereinbarungen. Diese Zielvereinbarungen koppeln wir an eine Überprüfung des Leistungsstandes eines jeden Mitarbeiters. Das heißt: Nach Ablauf eines Jahres setzen sich Führungskraft und Mitarbeiter zusammen, diskutieren, welche Ziele erreicht worden sind und welche nicht, und bewerten die erbrachten Leistungen. Auf diese Weise erhält jeder im Unternehmen, der Mitarbeiter ebenso wie die Führungskraft, die direkte Rückmeldung, welchen Anteil er am Erreichen bestimmter Ziele hat – oder nicht hat.

Das heißt, daß auch die Führungskraft eine Art von Bewertung erfährt?

Grünheidt: So ist es. Die Leistungseinschätzung erfolgt nicht nur von oben nach unten. Auch der Vorgesetzte bekommt wichtige Rückmeldungen von seinen Mitarbeitern, etwa darüber, ob er immer ausreichend informiert hat, oder allgemein, ob er die erforderlichen Arbeitsbedingungen geschaffen hat, damit seine Mitarbeiter die vereinbarten Ziele auch erreichen können.

Diese Rückmeldung ist ein ganz wichtiger Aspekt unseres Systems. Man kann sie vielleicht nicht als Vorgesetztenbeurteilung bezeichnen. Eher handelt es sich um ein Feedback. Aber im Ergebnis und für die Arbeit eines Teams ist sie sehr wichtig. Das dritte Element unseres Systems ergibt sich dann aus den Ergebnissen der beiden ersten: Mitarbeiter und Vorgesetzter vereinbaren konkrete Maßnahmen, um die weitere Zusammenarbeit zu optimieren.

Hatten Sie von Anfang an ein System geplant, das diese drei Bereiche, Zielvereinbarung, Beurteilung/Feedback und Entwicklungsplanung beinhaltet? Oder haben die sich erst im Laufe der Arbeiten an dem Personalentwicklungssystem herausgeschält?

Grünheidt: Ursprünglich lautete eine Hauptanforderung, ein System zu entwickeln, mit dem man Mitarbeiter unseres Unternehmens beurteilen und weiterentwickeln kann. Ein System also, das beiden Aspekten, der Beurteilung und der Entwicklung, gerecht wird. Deshalb haben wir beschlossen, es Beurteilungs- und Entwicklungssystem zu nennen. Aber im Laufe der Arbeiten an dem System haben wir gemerkt, daß der Beurteilungscharakter nur einen untergeordneten Teil ausmacht. Der Schwerpunkt sollte deutlich auf der Entwicklung der Mitarbeiter liegen. Die Beurteilung trat demgegenüber zurück, ist heute nur noch Mittel zum Zweck. Als uns diese Verschiebung des Schwerpunktes klar wurde, haben wir den Arbeitstitel des Projekts entsprechend geändert. Intern sprechen wir gar nicht mehr von einem Beurteilungs-, sondern von einem Entwicklungssystem.

Was hat überhaupt den Anstoß dafür gegeben, ein System zur Beurteilung von Mitarbeitern zu entwickeln?

Grünheidt: Die Anfänge gehen ins Jahr 1993 zurück. Damals benötigten wir ein System, mit dessen Hilfe eine systematische Nachfolgeplanung für Führungspositionen entwickelt werden sollte. Das war der erste Grund für unsere Überlegungen. Der zweite Grund: Wir wollten die Kommunikation im Unternehmen verbessern. Der Austausch zwischen Gruppenleitern und Mitarbeitern sollte intensiviert werden. Außerdem wollten wir eine größere Transparenz und Verbindlichkeit in den Absprachen zwischen Vorgesetzten und Mitarbeitern schaffen.

Wie sind Sie zu dem jetzt vorliegenden Personalentwicklungssystem gekommen: Hatten Sie Hilfe durch externe Berater? Oder haben Sie ein System übernommen, das bereits in einem anderen Unternehmen angewendet wird?

Grünheidt: Externe Berater hatten wir nur am Anfang dabei. Später haben wir auf eigene Fachleute aus unserem Unternehmen zurückgegriffen: Pädagogen und Psychologen, die sich schon während ihres Studiums und dann auch in ihrem Berufsleben mit dem Thema Personalentwicklung befaßt haben. Natürlich haben wir auch die aktuelle Literatur genutzt. Mit den Beratern und mit Führungskräften aus unserem Leitungskreis haben wir dann einen Kriterienkatalog für unser Unternehmen erarbeitet. Dieser Katalog beinhaltet solche Leistungs- und Verhaltensmerkmale, die für eine effektive und erfolgreiche Arbeit in einem Versicherungsunternehmen relevant sind. Die Merkmale betreffen sowohl die Arbeitsmenge und die Arbeitsqualität, aber auf der anderen Seite auch sehr stark den Verhaltensbereich.

Wie groß war der Kreis der Mitarbeiter aus Ihrem Unternehmen, die an der Entwicklung des Systems mitgearbeitet haben?

Grünheidt: Von Anfang an haben sich an der Erarbeitung des Systems Führungskräfte der ersten und zweiten Ebene und auch Mitarbeiter beteiligt. Ich sagte ja schon, daß wir recht schnell von der Idee abgekommen sind, ein reines Beurteilungssystem einzuführen. Denn Beurteilung verläuft immer von oben nach unten. Wenn man das aber nicht will, dann kann man auch bei der Entwicklung eines Personalentwicklungssystems nicht so vorgehen, daß nur die Führungskräfte sagen, wie es funktionieren soll.

Wie haben Sie das konkret bewerkstelligt, sämtliche Ebenen in Ihrem Hause einzubeziehen?

Grünheidt: Als Personalentwicklungsabteilung haben wir den großen Vorteil, daß wir in den Seminaren und Weiterbildungsveranstaltungen sehr viel Kontakt zu den Mitarbeitern aller Hierarchie-Ebenen haben. In den Mitarbeiterentwicklungsprogrammen haben wir das neue System sofort thematisiert. Den Teilnehmern haben wir es als ein potentielles zukünftiges Führungsinstrument vorgestellt, haben es mit ihnen diskutiert und ihre Vorschläge und Anregungen in die weitere Entwicklung des Systems einbezogen. Wir haben sie auch nach den Stärken und Schwächen eines solchen Systems befragt, nach möglichen Vorbehalten seitens der Mitarbeiterschaft, nach mangelnder Praxisnähe. Und ganz ähnlich lief das in den Gruppenleiterseminaren. Auch hier haben wir die Teilnehmer gefragt, was aus ihrer Sicht wichtig ist, was wir womöglich noch nicht berücksichtigt hatten und welche Elemente sie für ihre tägliche Arbeit brauchen. Auf diese Weise war während der gesamten Entwicklungsphase des Systems vielen Leuten im Unternehmen klar, daß da etwas läuft, und, mehr noch, wie weit die Arbeiten an dem System gediehen waren. Und sie waren direkt beteiligt an der Weiterentwicklung und Ausgestaltung des Systems.

Nachdem das System dann fertig war, sind wir in alle Gruppen des Unternehmens gegangen und haben es präsentiert. Wir haben die Ziele des Systems und den Ablauf der Gespräche erläutert, darauf hingewiesen, daß bei den Gesprächen immer ein Betriebsrat dabei sein kann, und wir haben Fragen beantwortet.

Waren Führungskräfte und Vorstand mit dieser Vorgehensweise von Anfang an einverstanden?

Grünheidt: Natürlich haben wir den Vorstand dazu befragt, welches seine Vorgaben sind und welche Ziele er mit einem Entwicklungssystem erreichen will. Ob es Richtlinien gibt, die wir beachten müssen. Parallel dazu, also recht früh, haben wir die Leitungskreisebene und auch die Mitarbeiter einbezogen.

Das dürfte sicherlich dazu beigetragen haben, die allgemeine Akzeptanz eines solchen Systems zu erreichen. Wie hat der Betriebsrat reagiert?

Grünheidt: Ihn von Anfang an einzubinden, ist uns leider nicht gelungen. Anfangs hatte sich der Betriebsrat sehr zurückgehalten. Nach dem Motto „Macht mal, wir können dann immer noch draufgucken".

Was war der Grund für diese Zurückhaltung?

Grünheidt: Der Betriebsrat wollte womöglich erst einmal eigene Vorstellungen entwickeln, statt gleich von Anfang an gemeinsam mit uns an einem System zu arbeiten. Aber das sind Vermutungen. Später in den Verhandlungen war der

147

Betriebsrat dann sehr stark an einem Beurteilungssystem interessiert, während wir ja mehr auf ein Entwicklungssystem hinauswollten.

Ausgerechnet für einen Betriebsrat ist das eine ungewöhnliche Schwerpunktsetzung. Warum wollte er denn lieber ein Beurteilungsverfahren statt eines Entwicklungssystems?

Grünheidt: Der Betriebsrat verfolgte das Ziel, die Beurteilung direkt an eine Entgeltzahlung, konkret an ein Zulagensystem zu koppeln. Deshalb wollte man eine Skala haben, mit deren Hilfe die Leistungs- und Verhaltensmerkmale eingeschätzt werden. Das Ergebnis dieser Einschätzung, quasi der Punktwert, sollte dann mehr oder weniger automatisch zu einer Zulage führen.

Was halten Sie davon, die Beurteilung der Mitarbeiter an ein Zulagensystem zu koppeln?

Grünheidt: Wir wollten das bewußt außen vor lassen. Bei unseren Rückmeldungen zu den Erfolgskriterien haben wir keine Skala. Der Vorgesetzte und die Mitarbeiter sollen qualitative Aussagen treffen. Denn wie gesagt: Wir wollen mit dem System Kommunikation und Transparenz fördern, und das geht nicht mit Noten und Punkten. Weder dem Mitarbeiter noch der Führungskraft hilft es, am Ende des Verfahrens zu wissen, daß Mitarbeiter x zehn Punkte bekommen hat oder die Nummer eins ist. Meiner Meinung nach wird damit höchstens eine Scheinobjektivität erzielt. Statt dessen müssen wirklich qualitative Aussagen formuliert werden, auf deren Basis die weitere Entwicklung des Mitarbeiters sinnvoll geplant werden kann.

Lehnen Sie die Verknüpfung von Mitarbeiterbeurteilung und Festlegung variabler Zahlungen grundsätzlich ab?

Grünheidt: Ich denke schon, daß wir das trennen sollten. Bei den Entwicklungsgesprächen geht es um das Potential des Mitarbeiters; zum Beispiel um Seminare, aber auch um Jobenlargement, Jobenrichment, Projektmitarbeit und so weiter. Wir haben die Befürchtung, daß die Gespräche, wenn man sie auch zur Gehaltsverhandlung nutzt, nur noch Mittel zu diesem Zweck werden. Es kann passieren, daß jeder, Führungskraft und Mitarbeiter, dann nur noch seinen Wunschbetrag im Hinterkopf hat, den er bereit ist zu zahlen bzw. den er erzielen will, und daß beide danach die Rückmeldung ausrichten. Das schadet dem Gespräch über die Entwicklungsmöglichkeiten des Mitarbeiters.

Trotzdem haben auch Sie in Ihrem System den Punkt der Vergütung nicht völlig weggelassen. Warum?

Grünheidt: Das war unser Kompromiß gegenüber dem Betriebsrat. Am Schluß des Gesprächs ist nun vorgesehen, daß sich beide über Zulagen oder über eine Gehaltsveränderung unterhalten. Aber die Höhe dieser Zulage wird nicht anhand einer Skalierung, also eines Punktesystems, mathematisch errechnet, sondern frei vereinbart. Und die Zulage ist nicht der zentrale Punkt des Gesprächs, sondern der liegt klar in der Frage, welche Entwicklungsmöglichkeiten für den Mitarbeiter in unserem Unternehmen bestehen.

Sie erwähnten bereits, daß die Verhandlungen mit dem Betriebsrat nicht ganz einfach waren. Wie haben Sie schließlich die Zustimmung zu Ihrem System erreicht?

Grünheidt: Wir haben zwei Jahre lang beharrlich und intensiv verhandelt. Das war schon ein sehr hoher Aufwand, mit sehr vielen Abstimmungsphasen und entsprechend viel Zeit. Dafür, muß man sagen, haben wir jetzt gemeinsam eine wirklich gute Lösung gefunden, indem wir nämlich zunächst eine vorläufige Betriebsvereinbarung abgeschlossen haben.

Wieso betrachten Sie gerade die Vorläufigkeit als Vorteil?

Grünheidt: Weil wir damit von Anfang an signalisieren, daß es sich um einen dynamischen Prozeß handelt. Wir haben jetzt eine Betriebsvereinbarung über zwei Jahre getroffen. Das ist sozusagen unsere Testphase. In dieser Zeit haben alle Beteiligten, auch der Betriebsrat, die Chance, das entwickelte System zu testen, immer unter dem Aspekt: Was läuft gut, was muß man ändern? Und auch die Personalabteilung hat ein Interesse daran, behutsam vorzugehen. Gerade mit Beurteilungssystemen kann man viel Schindluder treiben. Das gilt für alle Seiten. Deshalb lautete unser Vorschlag: Wir setzen das System testweise erst einmal in zwei oder drei Abteilungen um. Aber dieses Vorgehen wollte der Betriebsrat nicht. Also haben wir statt dessen für alle Mitarbeiter eine Testphase vereinbart.

Eine solche Testphase nimmt ja auch erst einmal den Druck von allen Beteiligten. Es wird keine Neuerung fürs Leben eingeführt, sondern für eine überschaubare Zeit.

Grünheidt: Das ist der wesentliche Punkt, um aus der Planungsphase in die Umsetzung zu kommen. Ich halte es für absolut illusorisch, bei einer Sache, die alle Mitarbeiter eines Unternehmens betrifft und die die gesamte Unternehmenskultur beeinflussen wird, apodiktisch zu sagen: „Das ist das neue System. So soll es sein." Die gesamte Problematik der Leistungsbeurteilung im Betrieb wird ja auch in der Literatur höchst unterschiedlich diskutiert. Dem muß man Rechnung tragen und – das betrifft alle Seiten – die Bereitschaft signalisieren, kontinuierlich und gemeinsam an einem möglichst guten System zu arbeiten. Für uns bedeutete das, alle Mitarbeiter und die Führungskräfte zu beteiligen, ihnen möglichst frühzeitig zu sagen, was wir vorhaben und wie wir uns die Umsetzung vorstellen, um dann Meinungen von allen Beteiligten einzuholen – auch Vorschläge, wie wir unsere Ziele umsetzen können.

Damit haben Sie gleich zu Beginn deutlich gemacht, daß das Arbeiten an dem Beurteilungs- bzw. Entwicklungssystem eine Daueraufgabe ist, daß also ein solches System nicht statisch ist. Dennoch: Kostet diese Diskussion auf breiter Basis nicht enorm viel Zeit?

Grünheidt: Es kostet viel Zeit. Doch sie zu investieren, lohnt sich. Jedes Beurteilungssystem muß erst einmal mit Leben erfüllt werden. Da kann man niemand hineinpressen. Es muß von den Beteiligten akzeptiert werden. Passiert das nicht, so werden alle, die das System ablehnen, kreativ genug sein, um das System geschickt zu umgehen.

Um noch mal an den Anfang Ihrer Entwicklungsarbeiten zurückzukehren: Welches waren – oder sind möglicherweise noch immer – die größten Vorbehalte gegen ein Personalentwicklungssystem?

Grünheidt: Das war je nach Hierarchie-Ebene des Unternehmens unterschiedlich. Von den Vorständen haben wir eine sehr starke Zustimmung erfahren. Das heißt nicht, daß einzelne nicht noch skeptisch sind, beispielsweise ob man die anvisierten Ziele wirklich mit dem System erreichen kann. Aber im Prinzip war der Vorstand sehr positiv eingestellt. Von der Ebene unter dem Vorstand, den Abteilungsleitern, kamen Vorbehalte hinsichtlich der Machbarkeit. Ist das System wirklich anwendbar in der betrieblichen Praxis? Gibt es nicht auch

Leute, bei denen Entwicklung einfach nicht oder nicht mehr stattfindet? Das klassische Beispiel ist der Mitarbeiter im Lager, 55 Jahre alt, der die Jahre bis zur Pensionierung in Ruhe weiterarbeiten will, der keine Motivation, oder auch gar keine Möglichkeiten mehr sieht, sich weiterzuentwickeln.

Das Problem müssen in Ihrem Unternehmen die Gruppenleiter lösen. Sie sind die direkten Vorgesetzten beispielsweise der Mitarbeiter im Lager. Wie akzeptieren sie das Personalentwicklungssystem?

Grünheidt: Von dieser Ebene kamen erwartungsgemäß die größten Vorbehalte. Immerhin gibt es Gruppenleiter, die bis zu 25 Mitarbeiter in ihrem Team haben. Die Frage ist also durchaus berechtigt, ob bei dieser Gruppenstärke der Gruppenleiter die Zeit findet, die Gespräche zu führen. Ein anderer Einwand bezog sich auf die Position der Gruppenleiter innerhalb unseres Unternehmens. Sie haben ja quasi eine Art Sandwich-Position: Auf der einen Seite stehen die Vorgesetzten, die Abteilungsleiter, mit denen sie sich abstimmen, von denen sie aber auch Informationen benötigen, auf der anderen Seite die Mitarbeiter, die möglichst umfassende Informationen abfordern, weil die ja die Voraussetzung dafür schaffen, bestimmte Ziele erreichen zu können. Entsprechend skeptisch fragten dann auch die Gruppenleiter, ob ihnen mit dem System wirklich ihre Arbeit erleichtert werde, oder im Gegenteil eher erschwert wird. Denn einerseits können sie durch ihre Abteilungsleiter stärker als bisher kontrolliert werden, andererseits sind sie stärker gefordert, gegenüber den Mitarbeitern konkrete Ziele umzusetzen. Und zur Krönung werden sie dann auch noch der Beurteilung durch Mitarbeiter ausgesetzt. Vorbehalte speziell gegen diesen Aspekt des Systems waren natürlich auch da.

Der Vorbehalt, daß ein solches System sehr viel Zeit kostet, ist nicht ganz unberechtigt.

Grünheidt: Natürlich. Aber es ist schließlich die Aufgabe einer Führungskraft, Mitarbeiter zu führen. Die Vorstellung, mit Personalentwicklungsgesprächen diese Aufgabe besser durchführen zu können, existiert durchaus.

Und wie sieht es mit der Akzeptanz in der Belegschaft aus?

Grünheidt: Hier sind wohl Vorbehalte gegenüber einer Art von Kontrolle am größten. Natürlich ist sie Bestandteil des Systems. Denn ein Jahr nach einer Zielvereinbarung kann man klar nachprüfen, welche Ziele erreicht und welche nicht erreicht wurden. Daß da Ängste bei Mitarbeitern vorhanden sind, kann man verstehen; und es kann sein, daß durch das neue System die Unternehmenskultur verändert wird. Das ist ja auch gewollt. Ich persönlich hoffe, daß wir zu einer stärkeren Verbindlichkeit bei Absprachen kommen. Das heißt ja nicht, daß autoritäre Verhaltensweisen Einzug halten. Die Art und Weise, wie mit den Vereinbarungen umgegangen wird, ist entscheidend.

Wie wollen Sie erreichen, daß die Gespräche den gewünschten positiven Effekt erzielen? Nicht jede Führungskraft ist ein geborenes Kommunikationstalent.

Grünheidt: Wir setzen sehr stark auf Schulungen. Man muß natürlich abwägen, wie weit die Führungskultur in unserem Haus entwickelt ist, welche Anforderungen an Transparenz und offene Kommunikation derzeit schon gestellt werden können. Im Grunde ist das ganze System ja nur ein Hilfsmittel, sozusagen eine Krücke. Mit ihr wollen wir unsere Ziele, offener zu kommunizieren, effektiver zu arbeiten und das Potential der Mitarbeiter optimal zu entfalten, erreichen.

Wenn das gelingt, wenn also tatsächlich die notwendigen Gespräche geführt werden, um diese Ziele zu erreichen, dann nutzen wir die Krücke gern.

Sind die Schulungen obligatorisch?

Grünheidt: Grundsätzlich setzen wir in unserem Unternehmen sehr stark auf Freiwilligkeit. Das gilt für die meisten Seminarangebote in unserem Hause. Jetzt, nachdem die Betriebsvereinbarung abgeschlossen ist und das System starten soll, müssen alle Führungskräfte eine Schulung besuchen. Das ist obligatorisch, denn die Entwicklungsgespräche müssen im gesamten Unternehmen einheitlich geführt werden. Also müssen auch alle Führungskräfte daraufhin geschult werden. Wir nutzen diese Schulungen auch dazu, die Kriterien, nach denen die Leistung beurteilt bzw. die Potentiale eingeschätzt werden sollen, individuell auf die Abteilungen hin zuzuschneiden. Das heißt, daß wir in den Schulungen mit jeder Führungskraft diskutieren und erarbeiten, welche Kriterien für ihren Bereich relevant sind. Nehmen wir das Ziel Kundenorientierung: Das Ziel muß von einer Abteilung, die direkten Kontakt mit externen Kunden hat, ganz anders umgesetzt werden als von einer, die ausschließlich intern gegenüber anderen Abteilungen zu Service verpflichtet ist. Das gilt auch für andere Kriterien. Ein anderes Thema der Schulungen betrifft rechtliche Rahmenbedingungen, also die Frage, was in einem Gespräch vereinbart werden darf und was nicht.

Bereits die Arbeit an dem Personalentwicklungssystem hat dazu geführt, daß wir in den vergangenen beiden Jahren verstärkt auch auf Kommunikationsseminare Wert gelegt haben. Auf der Führungsebene gab es Einzelcoaching, Einzelberatung und Gesprächstrainings, die für die Umsetzung und Anwendung des Entwicklungssystems hilfreich sind. Damit sollen Vorgesetzte unterstützt werden bei der neuen Aufgabe, Entwicklungsgespräche zu führen.

Sie sagten, daß es zwei Jahre gedauert habe, bis Sie das jetzt vorliegende Personalentwicklungssystem fertiggestellt und in der Praxis umgesetzt haben. Woher haben die Beteiligten im Unternehmen diese Langmut genommen?

Grünheidt: Anfangs hatten wir gehofft, daß alles innerhalb von zwei Monaten über die Bühne geht. Wir dachten, wir stellen das System vor, entwickeln die Betriebsvereinbarung und unterschreiben sie. Und im folgenden Monat führen wir das System ein. Das war der kühne Wunsch. Es hat sich dann sehr schnell herausgestellt, daß die Verhandlungen mit dem Betriebsrat schwieriger wurden als ursprünglich vermutet, weil er, wie schon erläutert, ganz andere Vorstellungen hatte. Aber schließlich haben wir unser Vorhaben dann doch mit viel Geduld zu Ende geführt.

Würden Sie Ihre Vorgehensweise auch anderen Unternehmen empfehlen, die ein Beurteilungssystem einführen wollen?

Grünheidt: Meiner Meinung nach ist die beste Möglichkeit, eine breite Akzeptanz des Systems zu erreichen, möglichst viele Mitarbeiter an der Entwicklung zu beteiligen. Zumal, wenn sie später sehen, daß sich ihre Ideen und Anregungen darin wiederfinden. Wir sind ein mittelständisches Unternehmen mit unter tausend Mitarbeitern. Da klappt das natürlich leichter als bei einem Großkonzern.

Es gibt Unternehmen, die den Kreis der Beteiligten erst einmal klein halten, um die Entwicklungsarbeiten so zügig wie möglich voranzutreiben. Ist das eine Alternative zu Ihrem Vorgehen?

Grünheidt: Erst einmal gehen die Arbeiten zügig voran. Aber wenn die Vorbehalte nicht in der Anfangsphase geäußert werden, kommen sie garantiert später. Da erscheint es mir

155

effektiver, sie so früh wie möglich zu erfahren und zu berücksichtigen. Natürlich geht das nicht in jedem Fall. Manche wird man nie überzeugen können. Aber am Ende braucht man unbedingt den Konsens eines großen Teils der Mitarbeiter, um das System erfolgreich umzusetzen. Deshalb hätte ich am liebsten auch gleich von Anfang an den Betriebsrat an den Tisch geholt. Das hätte uns vielleicht eine Menge Zeit gespart.

War es teuer, das System zu entwickeln und einzuführen?

Grünheidt: Da wir kaum externe Berater hinzugezogen haben, war es so gesehen nicht teuer. Sowohl bei der Entwicklung als auch jetzt bei den Schulungsmaßnahmen greifen wir auf vorhandene Manpower aus dem Führungskreis zurück. Das war während der relativ langen Entwicklungsphase auch immer ein gutes Argument zugunsten des Systems. Aber die Beteiligung eigener Führungskräfte hatte nicht nur einen finanziellen Vorteil. Wir haben nämlich außerdem gemerkt, daß viele bereits ein Beurteilungs- oder Entwicklungssystem einsetzten, das sie entweder aus der Literatur oder von anderen Unternehmen kennengelernt hatten. Der Haken daran ist nur, daß die Ergebnisse überhaupt nicht vergleichbar und folglich für das Gesamtunternehmen nicht nutzbar sind, wenn jeder sein eigenes System anwendet.

Worin sehen Sie die Stärken Ihres Systems?

Grünheidt: Darin, daß wir ein einheitliches, für alle Ebenen im Unternehmen gültiges Personalentwicklungssystem haben. Das schafft Transparenz und Verbindlichkeit, und damit die Möglichkeit, die Ziele, die sich das Unternehmen gesetzt hat, stärker in allen Abteilungen und Gruppen zu diskutieren und umzusetzen. Das halte ich für den größten Vorteil.

5 Drei Beispiele aus der Praxis: Beurteilungsverfahren einführen und anwenden

Im vorhergehenden Kapitel war die Entwicklung eines Beurteilungsverfahrens von der ersten Idee bis zum erfolgreichen Start beschrieben worden. Mögliche Vorbehalte seitens der Belegschaft und häufig auftretende Hindernisse wurden erläutert und Tips genannt, wie diese vermieden oder abgebaut werden können. Am Beispiel eines mittelständischen Versicherungsunternehmens wurde schließlich gezeigt, daß durch umsichtiges Vorgehen die anfänglichen Schwierigkeiten überwunden und ein breiter Konsens für ein Beurteilungsverfahren erzielt werden kann.

Im vorliegenden fünften Kapitel werden Einzelheiten von Beurteilungsverfahren aus drei Unternehmen vorgestellt. Zu Beginn noch einmal die Hanse-Merkur Versicherungsgruppe: Die Ziele, die sie mit dem Verfahren verfolgt, hatte der Projektleiter in einem Interview im vierten Kapitel erläutert. Hier werden nun Formulare, Anleitungen für die Mitarbeiter und die – zunächst befristete – Betriebsvereinbarung abgedruckt.

Zweites Beispiel ist der Mineralölkonzern BP. Das weltweit operierende Unternehmen setzt andere Schwerpunkte bei seinem Beurteilungsverfahren als der national arbeitende Versicherer. Es verfolgt auch andere Unternehmensziele. Und es hat seine Unternehmensphilosophie explizit zur Grundlage für sein Beurteilungsverfahren gewählt. Ablesbar ist das an den Formularen, die im Rahmen der Beurteilung und Zielvereinbarung verwendet werden, aber auch an den Erläuterungen beispielsweise der Bewertungsskala, mittels derer die Leistungen und Verhaltensweisen beurteilt werden. Sämtliche Unterlagen, die das Unternehmen zur Veröffentlichung freigegeben hat und die den Zusammenhang von Unternehmensphilosophie, Zielen und Beurteilungsverfahren verdeutlichen, werden abgedruckt.

Drittes Beispiel schließlich ist die DaimlerChrysler Services (debis) AG. Das Unternehmen hatte 1998 Furore gemacht mit einem Ergänzungstarifvertrag, der u.a. die direkte Koppelung von individueller Leistung, Unternehmensergebnis und Gehalt regelt. Damit kommt der Ermittlung der individuellen Leistung eine entsprechend große Bedeutung zu. Es werden deshalb nicht nur die Formulare, die im Rahmen des Beurteilungsverfahrens verwendet werden, abgedruckt. Es erscheint auch sinnvoll, die ausführlichen Anleitungen und Erläuterungen abzudrucken, die die Unternehmensleitung für die Mitarbeiter verfaßt hat. Denn jedes Verfahren zur Leistungsbeurteilung funktioniert nur, wenn es von einem möglichst großen Teil der Mitarbeiter akzeptiert wird. Ausführliche Informationen über Ziele, Nutzen und Funktionsweise des Verfahrens dienen dazu, diese Akzeptanz zu erreichen.

5.1 Beispiel Hanse-Merkur: Kluge Strategie und langer Atem

„ Vorgesetzte und Mitarbeiter sollen sich einmal im Jahr grundsätzlich über ihre Arbeit austauschen und Vereinbarungen für die individuelle Weiterentwicklung treffen. "

Benno Grünheidt, Leiter der Gruppe Personalentwicklung,
Aus- und Weiterbildung bei der Hanse-Merkur Versicherungsgruppe

Name des Unternehmens
Hanse-Merkur Versicherungsgruppe a.G.

Branche
Dienstleistungsunternehmen

Zahl der Mitarbeiter
650

Interne Bezeichnung des Beurteilungsverfahrens
Personal-Entwicklungs-Gespräche

Datum der Einführung
1.1.1999

Ziele des Verfahrens laut Unternehmen
1. Die Festigung, Vertiefung und Optimierung der Zusammenarbeit
2. Orientierung über Aufgaben, Ziele, Verantwortungen und Leistungserwartungen für die Mitarbeiter
3. Klärung und Abhilfe schaffen bei Problemen am Arbeitsplatz, in der Arbeitsumgebung und bei der Zusammenarbeit
4. Rückmeldung zur Zusammenarbeit mit der Führungskraft
5. Rückmeldung über Leistungserfüllung, Stärken, Entwicklungs- und Lernmöglichkeiten

159

6. Klare Vereinbarungen zur fachlichen und persönlichen Weiterentwicklung der Mitarbeiter

Beteiligte Mitarbeitergruppen
Gesamt außer Mitarbeitern mit befristeten Dienstverträgen, soweit der Vertrag weniger als 15 Monate Laufzeit hat, Auszubildende und Mitarbeiter in der Probezeit.

Besonderheit
Betriebsvereinbarung wurde zeitlich befristet und das Verfahren als Pilotprojekt gestartet; starke Betonung auf Beteiligung der Mitarbeiter an der Weiterentwicklung des Verfahrens in der Startphase.

Ursprünglicher Anlaß, um über Beurteilungsverfahren nachzudenken, war die Notwendigkeit, Führungsnachwuchskräfte zu entwickeln. Die Auswahl geeigneter Kandidaten, die gezielt für Führungspositionen aufgebaut werden könnten, sollte nicht dem Zufall überlassen werden, sondern nach einheitlichen, für alle Abteilungen verbindlichen Kriterien erfolgen. Nicht die mehr oder weniger große Aufmerksamkeit oder die „Chemie" zwischen Nachwuchskraft und Vorgesetztem, sondern ein für das gesamte Unternehmen verbindlicher Kriterienkatalog, der Leistung, Auftreten und Verhalten aller Nachwuchskräfte berücksichtigt, wurde angestrebt.

Ein weiterer Grund dafür, sich mit dem Thema Mitarbeiterbeurteilung zu befassen, war das Ziel, die Kommunikation im Unternehmen zu verbessern. Vor allem der hierarchieübergreifende Austausch von Informationen – beispielsweise zwischen Abteilungsleitern und Teams – sollte intensiviert werden, und zwar in beide Richtungen. Insgesamt waren über die Jahre acht Mitarbeiter mit dem Projekt „Beurteilungsverfahren" befaßt. Übrigens wurde der Name des Verfahrens im Laufe der Entwicklungsarbeiten geändert. Heute spricht man bei der Hanse-Merkur von dem „Verfahren zur Personalentwicklung" – Ausdruck dafür, daß der Aspekt der Beurteilung zurücktrat zugunsten des Aspekts der gezielten Mitarbeiterentwicklung.

Nach zweijähriger Entwicklungszeit wurde das Verfahren im Herbst 1998 mit der Unterzeichnung einer – zunächst auf zwei Jahre befristeten – Betriebsvereinbarung erfolgreich abgeschlossen. Die Betriebsvereinbarung ist auf Seite 174 ff. abgedruckt. Von Januar bis März 1999 fanden betriebsinterne Schulungen und Diskussionsveranstaltungen über das neue Verfahren zur Personalentwicklung statt. Zum 1. April 1999 startete es in sämtlichen Abteilungen des Hauses. Ein paar wesentliche Faktoren des Verfahrens: Beurteilt werden alle Mitarbeiter des Unternehmens mit Ausnahme der leitenden Angestellten, Auszubildenden, Mitarbeiter in der Probezeit und solchen, die einen befristeten Arbeitsvertrag haben. Das Verfahren ist formulargestützt. Die Beurteilung erfolgt frei formuliert, also nicht anhand von Punkten o.ä. Im Rahmen des Verfahrens sollte auch der Mitarbeiter die Zusammenarbeit mit seinem Vorgesetzten einschätzen. Es findet keine direkte Koppelung von Leistungsmessung und Zulagenzahlung statt.

Das Versicherungsunternehmen eignet sich aus mehreren Gründen als Beispiel:

■ Es ist ein relativ kleines Unternehmen. Von Anfang an war klar, daß die Entwicklung eines Beurteilungsverfahrens finanziell überschaubar, am besten weitgehend mit eigenen personellen Mitteln bewerkstelligt werden muß. Da es sich um einen Dienstleister handelt, muß das Beurteilungsverfahren in erster Linie qualitative Leistung messen und bewerten können. Pünktlichkeit, Schnelligkeit, Freundlichkeit, Servicebereitschaft sind die für das Unternehmen relevanten Merkmale, die es zu ermitteln und bei der Belegschaft zu fördern gilt. Sie sind schwieriger zu messen und zu bewerten als quantifizierbare Merkmale wie Stück-

161

zahlen in der Produktion. Vorbehalte, ob das Verfahren dennoch gerecht sein kann, waren folglich zu erwarten und mußten bei der Information über das Verfahren berücksichtigt werden. Dies trifft für alle Unternehmen zu, die sogenannte weiche Verhaltensmerkmale ihrer Mitarbeiter messen und beurteilen wollen.

■ Das Unternehmen hat eine breit gefächerte Altersstruktur. Ein relativ großer Anteil der Belegschaft ist überdies seit Jahrzehnten in dem Unternehmen beschäftigt. Da haben sich feste Gewohnheiten etabliert. Eine gewisse Beharrungsneigung im Altbekannten oder auch die Haltung „Das haben wir früher nicht gebraucht" sind also nicht völlig auszuschließen. Auch darauf mußten die Projektverantwortlichen bei der Einführung des Verfahrens Rücksicht nehmen. Und das sollten Projektleiter in ähnlich strukturierten Unternehmen ebenfalls tun.

■ Der Hanse-Merkur ergeht es im Wettbewerb wie zahlreichen anderen Unternehmen: Die Chance, durch Produktdifferenzierungen Marktanteile zu gewinnen, ist begrenzt. Irgendwann ist alles im Leben versichert, sind alle Kunden von der Wiege bis zur Bahre versorgt. Wer sich auch angesichts des Fusionsfiebers nicht auf ein gefährliches Preisdumping einlassen will, muß seinen Kunden anderes bieten: sogenannte Zusatznutzen wie Service rund um die Uhr, Schnelligkeit bei der Bearbeitung von Schäden, Flexibilität bei der Schadensregulierung, Kompetenz bei der Beratung. Ziel einer Personalarbeit muß also sein, die Belegschaft für diese Bereiche zu sensibilisieren. Und die Projektverantwortlichen müssen deutlich machen, daß ein Beurteilungsverfahren ein nützliches Instrument auch zugunsten der Mitarbeiter darstellt, weil es neben vielem anderen dazu dient, den Bedarf an Weiterbildung in diesem

Bereich zu ermitteln und konkrete Maßnahmen mit den Mitarbeitern zu vereinbaren.

5.1.1 Mitarbeiterinformation zum Entwicklungsgespräch

Neben Diskussionsrunden mit den Mitarbeitern wurden ausführliche schriftliche Informationen verteilt, wie zum Beispiel die nachfolgend abgedruckten Hinweise dazu, welche Leistungen und Verhaltensweisen im Rahmen der Personalentwicklungsgespräche beurteilt werden.

I. Arbeitsqualität und Arbeitsquantität

Zum Beispiel bezogen auf:
- Zuverlässigkeit
- Verwertbarkeit
- Fehlerhäufigkeit
- Effektivität (Verhältnis: Aufwand zu Nutzen)
- Umsetzung bzw. Einhaltung von Richtlinien, Terminen, Normen, Vorgaben
- Rückstände
- Kostenorientierung
- Umsetzung von Fähigkeiten und Fertigkeiten/Kenntnissen

II. Arbeitsverhalten

1. Zusammenarbeit mit Vorgesetzten, Kollegen, Mitarbeitern, Agenturinhabern, Vertriebspartnern

Zum Beispiel bezogen auf:
- Abstimmungen
- Aktives Zugehen auf andere
- Kontakt
- Unterstützung und Beratung
- Verhalten/Rolle im Team
- Kontakt zu Vorgesetzten, Kollegen, Mitarbeitern und Kunden

2. Informationsverhalten gegenüber Vorgesetzten, Kollegen, Mitarbeitern, Agenturinhabern, Vertriebspartnern

Zum Beispiel bezogen auf:
- Aktives, rechtzeitiges Beschaffen und Verarbeiten von Informationen
- Vollständige und rechtzeitige Weitergabe
- Vertraulichkeit

3. Verhalten bei Konflikten

Zum Beispiel bezogen auf:
- Austragen von Konflikten
- Kompromißfähigkeit
- Lösen von Sach- und Beziehungsproblemen unter Aufrechterhaltung der Beziehung
- Verhandlungsfähigkeit
- Überzeugungskraft
- Durchsetzungsverhalten

4. Kundenorientierung

(Kunden sind auch Mitarbeiter, Agenturinhaber, Kollegen, Vorgesetzte, Vertriebspartner, Abteilungen des Hauses etc.)

Zum Beispiel bezogen auf:
- Erkennen von Wünschen und Vorstellungen des Kunden
- Freundliches und kompetentes Verhalten
- Berücksichtigung der Kunden- und Firmeninteressen
- Zeitnahe Umsetzung der Kundenwünsche
- Beratungskompetenz

5. Belastbarkeit

Zum Beispiel bezogen auf:
- Verhalten in Ausnahmesituationen

6. Verhalten bei Neuerungen/Innovationspotential

Zum Beispiel bezogen auf:
- Reaktionen auf betriebliche und funktionsbezogene Änderungen
- Lernbereitschaft
- Bewältigung zusätzlicher Aufgaben
- Eigenständige Verbesserungsvorschläge

7. Problemlösungsverhalten, Entscheidungen

Zum Beispiel bezogen auf:
- Analyse und Bewertung von Sachverhalten und Situationen
- Einbeziehung der relevanten Faktoren
- Erkennen und Abwägen von Risiken
- Bewertung von Vor- und Nachteilen
- Bedenken der Konsequenzen von Handlungsalternativen
- Nachvollziehbare Begründung von Entscheidungen
- Ausschöpfen des Vollmachtenrahmens
- Übernahme von Verantwortung

8. Selbstorganisation

Zum Beispiel bezogen auf:
- Prioritätensetzung
- Logik und Zielgerichtetheit von Vorgehensweisen
- Einhalten von Plänen

9. Initiative, Engagement, Leistungswille

Zum Beispiel bezogen auf:
- Arbeitseinsatz
- Selbständigkeit
- Kreativität
- Lernbereitschaft
- Wunsch nach Verantwortung

III. Führungsverhalten (zusätzlich bei Führungskräften)

1. Führen durch Zielvereinbarung

Zum Beispiel bezogen auf:
- Setzung bzw. Vereinbarung von Zielen
- Einbeziehung der Mitarbeiter
- Verdeutlichung von Zusammenhängen und Hintergründen
- Verfolgung von Zielen
- Kontrolle und Bewertung von Ergebnissen
- Inhalt, Ausmaß, Zeitvorgaben bei Vereinbarungen
- Einbindung in übergeordnete Unternehmensziele
- Überprüfung und Aktualisierung von Zielen

2. Delegation

Zum Beispiel bezogen auf:
- Umfang
- Berücksichtigung individueller Fähigkeiten der Mitarbeiter
- Regelung von Verantwortungsbereichen
- Einhaltung von Absprachen
- Umgang mit Rückdelegationen
- Handlungsfähigkeit bei Abwesenheit

3. Rückmeldung und Motivation der Mitarbeiter

Zum Beispiel bezogen auf:
- Stärken, Schwächen der Mitarbeiter
- Selbstbild/Fremdbild-Abgleich
- Bewertung von Arbeitsergebnissen und Verhalten
- Umgang mit Kritik durch Mitarbeiter
- Anerkennung guter Leistung
- Einbeziehung der Mitarbeiter in Entscheidungs- und Gestaltungsprozesse
- Förderung der Einsatzbereitschaft
- Übertragung von Befugnissen und Verantwortung
- Konstruktive Kritik
- Einsatz der Mitarbeiter entsprechend ihren individuellen Fähigkeiten
- Kontrollverhalten

4. Mitarbeiterförderung

Zum Beispiel bezogen auf:
- Anleitung von Mitarbeitern
- Fortbildungsmaßnahmen
- Ansprechbarkeit
- Unterstützung von Mitarbeitern
- Anwendung der Entwicklungsgespräche
- Übertragung von Sonderaufgaben
- Weiterempfehlung für andere Aufgaben

5. Teamgestaltung

Zum Beispiel bezogen auf:
- Erkennen und beeinflussen von Gruppenprozessen
- Förderung der Zusammenarbeit
- Einbeziehung der Mitarbeiter in Entscheidungs- und Gestaltungsprozesse

6. Planung und Organisation

Zum Beispiel bezogen auf:
- Arbeitsverteilung, Arbeitsbelastung der Mitarbeiter

5.1.2 Die Dokumentation der Gespräche

Das sogenannte Entwicklungsgespräch, das jeder Mitarbeiter einmal im Jahr mit seinem Vorgesetzten führen muß, wird schriftlich dokumentiert. Die nachfolgend abgedruckten, von der Hanse-Merkur eingesetzten Formulare zeigen, daß beide ihre Beurteilung frei formulieren müssen. Das Unternehmen verzichtet auf eine definierte Bewertungsskala und möchte ausdrücklich kein Verfahren, bei dem die Leistungen lediglich durch ankreuzen bewertet werden. Das erlaubt zwar eine sehr individuelle Beurteilung, aber keine abteilungsinterne oder gar unternehmensweite Vergleichbarkeit.

Entwicklungsgespräch am:_____

Name:_____ Vorname:

Funktion:

Abt./Gruppe:

Gesprächsanlaß
O Jahresgespräch   O Wunsch des Mitarbeiters
                                     O Wunsch des Vorgesetzten
                                     O Arbeitsplatzwechsel

Letztes PE-Gespräch am: _____

Der Mitarbeiter hat den Gesprächsleitfaden und den Dokumentationsbogen mindestens 2 Tage vor dem Gespräch zur Vorbereitung erhalten.

Erklärung des Mitarbeiters
Ich habe das Protokoll zur Kenntnis genommen und bin inhaltlich einverstanden.

Bemerkungen:

_____

_____

_____

_____

Nächster Gesprächstermin: _____

Mitarbeiter	Vorgesetzter	Z.K.: nächsthöherer Vorgesetzter
Datum/Unterschrift	Datum/Unterschrift	Datum/Unterschrift

I. Hauptaufgaben

Zusammenfassung der wichtigsten Hauptaufgaben, Zusatzaufgaben und individuellen Vollmachten

_____

_____

_____

_____

_____

_____

_____

_____

II. Zielerreichung seit dem letzten Gespräch

Was waren die vereinbarten Ziele?

_____

_____

_____

_____

_____

_____

Welche Ziele wurden nicht erreicht? Warum?

_____

_____

_____

_____

_____

_____

III. Rückmeldung zu den Erfolgskriterien

I   Arbeitsqualität und Arbeitsquantität

II   Arbeitsverhalten

1   Zusammenarbeit mit Vorgesetzten, Kollegen, Mitarbeitern
2   Informationsverhalten gegenüber Vorgesetzten, Kollegen, Mitarbeitern
3   Verhalten bei Konflikten
4   Kundenorientierung
5   Belastbarkeit
6   Verhalten bei Neuerungen
7   Problemlösungsverhalten, Entscheidungen
8   Selbstorganisation
9   Initiative, Engagement, Leistungswille

III   Führungsverhalten (zusätzlich bei Führungskräften)

1   Führen durch Zielvereinbarung
2   Delegation
3   Rückmeldung und Motivation der Mitarbeiter
4   Mitarbeiterförderung
6   Teamgestaltung
7   Planung und Organisation

IV   Rückmeldung des Mitarbeiters

1   Was finden Sie gut, was stört Sie an Ihrer Arbeit?

_____

_____

_____

_____

2   Wie sehen Sie die Zusammenarbeit mit Ihrem Vorgesetzten?

_____

_____

_____

_____

V Entwicklungsvereinbarungen

1 Ziele und Wünsche des Mitarbeiters

- um die persönliche Leistungsfähigkeit zu steigern oder zu erhalten
- zur Zusammenarbeit
- zu sonstigen Änderungen im Arbeitsumfeld

_____

_____

_____

_____

_____

2 Zielsetzung der Führungskraft

- für die Organisationseinheit
- für den Mitarbeiter

_____

_____

_____

_____

3 Empfehlungen der Führungskraft

- um die Leistungsfähigkeit des Mitarbeiters zu steigern oder zu erhalten
- zur Zusammenarbeit
- zu sonstigen Änderungen im Arbeitsumfeld

_____

_____

_____

_____

_____

171

4 *Maßnahmenvereinbarung: (z.B.: Aufgabenänderung, Entwicklungsver-*
einbarung, Seminare, Mitarbeit in Projekten. …)

_____

_____

_____

_____

_____

_____

5 *Auf Wunsch des Mitarbeiters*

Gehaltsüberprüfung: (z.B. tarifliche Eingruppierung lt. MTV, Zulagen, Einmalzahlung.)

_____

_____

_____

(Bei Gehaltsänderungen bitte die entsprechenden Formulare an
die Personalabteilung weiterleiten.)

6 *Besondere Fähigkeiten/Fertigkeiten des Mitarbeiters, die nicht zum*
Einsatz kommen:

_____

_____

_____

_____

_____

_____

5.1.3 Die Betriebsvereinbarung

Nachfolgend das Beispiel für eine sehr detaillierte und sorgfältig ausgearbeitete Betriebsvereinbarung. Eine empfehlens-
werte Besonderheit: Die Vereinbarung ist zeitlich befristet.
Das signalisiert alle Beteiligten, daß sich das Beurteilungsverfahren noch auf dem Prüfstand befindet und konstruktive
Kritik nicht nur erlaubt, sondern erwünscht ist.

Betriebsvereinbarung
Personalentwicklungsgespräche
(PE-Gespräche)

zwischen der
Hanse-Merkur Krankenversicherung a.G.
sowie
der Hanse-Merkur Lebensversicherung AG
und
den Betriebsräten beider Gesellschaften

Gliederung:

1. Präambel

2. Geltungsbereich

3. Ziele der PE-Gespräche

4. Grundsätze der PE-Gespräche

5. Beteiligte

6. Ablauf

7. Rechte der Mitarbeiter

8. Schulung

9. Schlußbestimmungen

10. Laufzeit

1. Präambel

Die Wettbewerbsfähigkeit des Unternehmens hängt entscheidend davon ab, wie es sich an wandelnde Anforderungen des Marktes, der Technik, der rechtlichen Rahmenbedingungen und insbesondere der Bedürfnisse der Kunden anpassen kann. Für eine erfolgreiche Bewältigung dieses Anpassungsprozesses ist es notwendig, daß alle Mitarbeiter/innen ihre Potentiale optimal zur Geltung bringen können.

Es liegt im Interesse sowohl der Mitarbeiter/innen als auch des Unternehmens, daß die Mitarbeiter/innen ihre Leistungsmöglichkeiten entfalten. Zusammenarbeit und Führung sind wesentliche Voraussetzungen für Unternehmenserfolg und haben entscheidenden Einfluß auf die Leistung und Arbeitszufriedenheit der Mitarbeiter/innen. Deswegen ist Personalentwicklung auch eine Führungsaufgabe. Unternehmensleitung und Betriebsrat sind sich einig, daß das PE-Gespräch Chancen für alle Mitarbeiter/innen birgt. Wenn die Mitarbeiter/innen die Chancen nutzen, können sie sich in persönlicher und fachlicher Hinsicht weiterentwickeln.

2. Geltungsbereich

Diese Betriebsvereinbarung gilt für alle fest angestellten Mitarbeiter/innen mit Ausnahme der leitenden Angestellten gemäß § 5 Abs. 3 BetrVG.

Von dem Gespräch ausgenommen sind:

- Mitarbeiter/innen mit befristeten Dienstverträgen, soweit der Vertrag weniger als 15 Monate Laufzeit hat
- Auszubildende
- Mitarbeiter/innen in der Probezeit

3. Ziele der PE-Gespräche

Die PE-Gespräche sind ein neues Arbeits- und Führungsinstrument, das mehreren Zielen dient. Auf Initiative der Führungskraft oder des/der Mitarbeiters/in sollen sich einmal im Jahr Mitarbeiter/in und Führungskraft grundsätzlich über die Arbeit austauschen können und Vereinbarungen für die Zukunft treffen. Ansatzpunkt und wichtigster Inhalt ist die Frage: „Was ist die Aufgabe des/der Mitarbeiters/in und was ist das Ziel seiner/ihrer Tätigkeit – wie kann die Arbeit optimiert werden?" Erreicht werden sollen dadurch:

- die Festigung, Vertiefung und Optimierung der Zusammenarbeit
- Klarheit über Aufgaben, Ziele, Verantwortung und Leistungserwartungen
- eine Verbesserung von Qualität, Leistung, Zufriedenheit und Arbeitsklima
- Klärung und Abhilfe bei Problemen am Arbeitsplatz, in der Arbeitsumgebung und bei der Zusammenarbeit
- Rückmeldung über die Zusammenarbeit, die Leistungserfüllung, Stärken, Entwicklungs- und Lernmöglichkeiten
- klare Vereinbarungen zur Weiterentwicklung
- Aufzeigen von Möglichkeiten der Entwicklung in dem gegebenen Arbeitsbereich

Regelmäßige und anlaßbezogene Arbeitsgespräche sollen dadurch nicht ersetzt werden. Mitarbeiter und Führungskraft sollen möglichst zu einer gemeinsamen transparenten Einschätzung der Zusammenarbeit, des Verhaltens, der Leistungen und der daraus abzuleitenden Maßnahmen für die Weiterentwicklung gelangen.

4. Grundsätze der PE-Gespräche

Eine der wichtigsten Aufgaben von Führungskräften ist es, eine weitgehende Übereinstimmung von Unternehmens- und Mitarbeiterzielen zu erreichen. Zur besseren Unterstützung der hierzu erforderlichen Führungskommunikation wurde das PE-Gespräch entwickelt. Im Mittelpunkt steht die Kommunikation zwischen Führungskraft und Mitarbeiter/in über die Einschätzung der Zusammenarbeit, des Arbeitsverhaltens, der Arbeitsbedingungen sowie der Leistungen und der daraus abzuleitenden Maßnahmen. Inhalt der Gespräche können grundsätzlich alle Auffassungen, Wünsche, Probleme und Erwartungen zu betrieblichen Themen sein. Erkannte Schwächen sind ein Anknüpfungspunkt für Entwicklungsaktivitäten.

Unternehmensleitung und Betriebsrat erkennen in den PE-Gesprächen Chancen zur persönlichen und arbeitsmäßigen Weiterentwicklung, jedoch ist die Teilnahme freiwillig.

Folgende Themenbereiche sollen besprochen werden (siehe Anlage 1: Dokumentation):

- Aufgabenbereiche der Mitarbeiter/innen
- Arbeitsanforderungen
- Zielüberprüfung und Zielsetzung
- Leistungserwartungen
- Einschätzung der Stärken und Schwächen des/der Mitarbeiters/in
- Rückmeldung an die Führungskraft (gemäß Punkt IV der Dokumentation)
- Zusammenarbeit zwischen Vorgesetzter/m und Mitarbeiter/in
- Veränderungen im Arbeitsumfeld
- Entwicklungsvereinbarungen

Folgende Rahmenbedingungen sind für die Wirksamkeit der Gespräche wichtig:

- Die Gespräche werden regelmäßig einmal im Jahr durchgeführt.
- Die Gespräche werden nach Vorbereitung durch Mitarbeiter/in und Führungskraft auf der Basis verbindlich definierter Kriterien geführt.
- Das PE-Gespräch endet mit einer konkreten Entwicklungs- und Zielvereinbarung zwischen Vorgesetzter/m und Mitarbeiter/in.
- Regelmäßige Folgegespräche bauen auf diesen Vereinbarungen auf.

176

5. Beteiligte

Alle Führungskräfte auf allen Ebenen mit Personalverantwortung führen das Entwicklungsgespräch. Jede/r Mitarbeiter/in spricht mit ihrem/seinem direkten Vorgesetzten. Ist der/die Mitarbeiter/in zu mehr als 50% seiner/ihrer Arbeitszeit in anderen Bereichen tätig (z.B. in einem Projekt), können beide Beteiligte des PE-Gesprächs den/die dort Zuständige/n zum Gespräch hinzuziehen. Auf jeden Fall findet vor dem Gespräch eine Abstimmung zwischen den Führungskräften statt.

Führungskraft und Mitarbeiter/in unterschreiben beide nach dem Gespräch das Formblatt aus der Dokumentation (siehe Anlage 1: Dokumentation, Seite 1). Der/die Mitarbeiter/in bestätigt mit der Unterschrift, daß er/sie das Protokoll zur Kenntnis genommen hat und daß die Aussagen inhaltlich so richtig sind.

Die Führungskraft bestätigt mit der Unterschrift, daß sie den Inhalt so mit dem/der Mitarbeiter/in besprochen hat.

Die nächst vorgesetzte Führungskraft erhält das Protokoll zur Kenntnisnahme und zur Weiterleitung in die Personalakte. Die Kenntnisnahme wird durch die Unterschrift bestätigt (siehe Anlage 1: Dokumentation, Seite 1).

6. Ablauf

Sinnvollerweise sollen die Gespräche im Rahmen der Planung für das nächste Jahr geführt werden. Anlaß ist in der Regel das Jahresgespräch. Das Gespräch kann auch aus besonderen Anlässen, wie z.B. nach der Probezeit, Arbeitsplatzwechsel oder auf begründeten Wunsch durchgeführt werden.

6.1 Vorbereitung

Der Gesprächstermin wird mindestens 14 Tage vorher vereinbart. Zur Vorbereitung erhalten beide Gesprächspartner die Beschreibung der Kriterien (siehe Anlage 2: Erfolgsfaktoren) und den Dokumentationsbogen (siehe Anlage 1: Dokumentation). Beide Gesprächspartner bringen ihre Unterlagen und Aufzeichnung mit in das Gespräch.

6.2 Durchführung

Das Gespräch findet in der Regel in angemessener vertrauensvoller Atmosphäre unter vier Augen statt. Die Liste der Kriterien (siehe Anlage 2: Erfolgsfaktoren) dient als Hilfestellung. Nicht alle Kriterien müssen im Einzelfall besprochen werden. Bei Mitarbeitern/innen mit Personalverantwortung werden die Kriterien zum Führungsverhalten besprochen. Auch hier werden Schwerpunkte gesetzt.

Am Ende des Gesprächs wird eine gemeinsame Dokumentation erstellt und von beiden Gesprächspartnern unterschrieben (siehe Anlage 1: Dokumentation).

6.3 Was wird aus dem Ergebnis: Vereinbarungen und Dokumentation

Über das Gespräch erstellt die Führungskraft ein Protokoll (siehe Anlage 1: Dokumentation) zu den Themenfeldern:
- Hauptaufgaben
- Entwicklungsziele seit früheren/dem letzten Gespräch
- Rückmeldungen zu den Kriterien
- Rückmeldungen des/der Mitarbeiters/in
- Entwicklungsvereinbarungen

Dieses Protokoll wird mit dem/der Mitarbeiter/in abgestimmt und von beiden Gesprächspartnern unterschrieben (siehe Anlage 1: Dokumentation). Die Dokumentation des PE-Gesprächs wird in der Personalakte verwahrt. Nur dem/der betroffenen Mitarbeiter/in wird eine Kopie ausgehändigt. Mehr als drei Jahre alte Dokumentationen von PE-Gesprächen werden vernichtet. Entwicklungsvereinbarungen, für die Aktivitäten anderer erforderlich sind, werden auf dem Extrabogen „Entwicklungsvereinbarungen" an die zuständigen Ansprechpartner (PA3 oder andere) weiter gegeben (siehe Anlage 1: Dokumentation, Seite 7).

Eine maschinelle Speicherung der Inhalte der Dokumentation (siehe Anlage 1: Dokumentation) erfolgt nicht.

Zum Abschluß des Gesprächs wird auf Wunsch des/r Mitarbeiters/in eine Gehaltsüberprüfung vorgenommen (siehe Anlage 1: Dokumentation, Seite 7). Diese erfolgt unter Berücksichtigung von § 4 Manteltarifvertrag (MTV) „Gehaltsgruppenmerkmale und Eingruppierung" sowie des Anhangs zu § 4 Ziff. 1 MTV. Allein die Teilnahme an dem PE-Gespräch begründet keinen Anspruch für eine Gehaltsveränderung. Eine Gehaltsveränderung aufgrund der Gesprächsergebnisse ist möglich und muß weiterhin nach den üblichen Regeln bei der Personalabteilung beantragt werden.

6.4 Aufgabenbeschreibung

Im Anschluß an die PE-Gespräche werden die Hauptaufgaben der einzelnen Mitarbeiter/innen in den Gruppen zusammengefaßt und bei der Führungskraft hinterlegt (siehe Anlage 1: Dokumentation, I. Hauptaufgaben). Diese Aufgabenbeschreibungen dienen nur der Durchführung der PE-Gespräche.

Der Betriebsrat kann in die Dokumentation einsehen, soweit er es für die Erfüllung seiner Aufgaben für erforderlich erachtet.

7. Rechte der Mitarbeiter

Das PE-Gespräch stellt die Beziehung zwischen Führungskraft und Mitarbeiter in den Vordergrund. Dazu gehören alle Dinge, die in der Arbeits- und Beziehungssituation eine Rolle spielen. Die Gesprächspartner berichten keiner dritten Stelle über den Verlauf des Gesprächs.

Dies berührt nicht die Rechte der Mitarbeiter/innen, sich wegen strittiger Punkte an die nächst höhere Führungskraft bzw. den BR zu wenden.

Ist der/die Mitarbeiter/in mit dem Gespräch nicht einverstanden und können die strittigen Punkte während des Gesprächs nicht ausgeräumt werden, kann er/sie innerhalb von 5 Arbeitstagen ein Überprüfungsgespräch beantragen. Dieses Gespräch soll innerhalb von 10 Tagen nach Bekanntwerden des Einspruchs geführt werden.

Kommen Führungskraft und Mitarbeiter/in zu neuen Ergebnissen, erfolgt eine entsprechende Korrektur der Ergebnisse. Die ursprüngliche Dokumentation (siehe Anlage 1: Dokumentation) wird vernichtet.

Erfolgt keine Änderung der Ergebnisse, werden die Einwände des Mitarbeiters schriftlich festgehalten und der Dokumentation beigefügt (siehe Anlage 1: Dokumentation, Seite 1).

Bei Wechsel der Führungskraft kann die künftige Führungskraft nur mit Einverständnis des/der Mitarbeiters/in Einsicht in die Dokumentation zum PE-Gespräch nehmen.

Das PE-Gespräch wird zum ersten Mal frühestens nach der Probezeit geführt.

8. Schulung

Alle Führungskräfte werden vor Einführung der PE-Gespräche geschult. Inhalt der Schulung ist der Inhalt und der Ablauf der PE-Gespräche.

Die Mitarbeiter/innen werden rechtzeitig vor dem PE-Gespräch über dessen Inhalt und Ablauf unterrichtet.

9. Schlußbestimmungen

Mit dieser Betriebsvereinbarung ist die Einführung der PE-Gespräche vorläufig geregelt.

Weitere Mitbestimmungs-, Beratungs- und Unterrichtungsrechte der Betriebsräte sowie die Rechte nach dem BetrVG bleiben von dieser Betriebsvereinbarung unberührt. Die Ziele entsprechen den Bestimmungen von § 82 Abs. 2 BetrVG.

Diese Betriebsvereinbarung ist gemäß Ziffer 3.3 der Rahmenbetriebsvereinbarung „Personalentwicklung, Aus- und Weiterbildung" in Übereinstimmung mit dieser auszulegen und anzuwenden. Diese Einzelbetriebsvereinbarung ist jedoch einzeln änderbar oder kündbar, ohne daß damit die Rahmenbetriebsvereinbarung als gekündigt gilt.

Im Falle der Unwirksamkeit oder Nichtigkeit einer einzelnen Bestimmung dieser Betriebsvereinbarung bleiben ihre übrigen Bestimmungen davon unberührt.

Grundlage des Verfahrens sind die Beschreibung der Erfolgsfaktoren (siehe Anlage 2: Erfolgsfaktoren) und die Dokumentation (siehe Anlage 1: Dokumentation). Veränderungen der Fassung werden vorher mit dem Betriebsrat abgestimmt und beraten, soweit mitbestimmungspflichtige Tatbestände betroffen sind.

10. Laufzeit

Diese Betriebsvereinbarung tritt mit der Unterzeichnung in Kraft und gilt testweise für die Dauer von 2 Jahren. Vor Ende der Testphase wird bei den Mitarbeitern/innen und Führungskräften eine Umfrage durchgeführt, um die Erfahrungen mit den PE-Gesprächen zu berücksichtigen. Die Vertragsparteien sind sich einig im Bestreben, anschließend eine endgültige Betriebsvereinbarung zu den PE-Gesprächen abzuschließen.

5.2 Beispiel BP: Ein einheitliches Verfahren für das gesamte Unternehmen

„Mitarbeiterentwicklung ist keine Bringschuld des Unternehmens, sondern Aufgabe eines jeden Mitarbeiters."

Wolf-Rüdiger Grohmann, Manager BP Oil Deutschland GmbH

Name des Unternehmens
BP Oil Deutschland GmbH

Branche
Mineralölkonzern

Zahl der Mitarbeiter
1.400 (Deutschland);
100.000 (weltweit nach Fusion mit Amoco)

Interne Bezeichnung des Beurteilungsverfahrens
Gespräche zur Mitarbeiterentwicklung

Datum der Einführung des Verfahrens
1994; Aktualisierung 1998

Ziele des Verfahrens laut Unternehmen
1. Jeder Mitarbeiter soll erkennen, daß er selbst für seine Leistungsfähigkeit, für seine berufliche Entwicklung und für seinen persönlichen wie für den Teamerfolg verantwortlich ist.
2. Das Unternehmen will kontinuierliche und vergleichbare Leistungseinschätzungen aller Mitarbeiter; die Vergleichbarkeit des Mitarbeiterpotentials soll auch über Ländergrenzen hinweg möglich sein.

3. Weiterbildungsmaßnahmen sollen so präzise wie möglich auf das Arbeitsgebiet bzw. das angestrebte Berufsfeld des Mitarbeiters zugeschnitten sein.

Beteiligte Mitarbeitergruppen
Gesamt außer Auszubildende, Praktikanten, Aushilfen, Mitarbeiter mit befristeten Arbeitsverträgen.
Freiwillig ist Teil 2 des Verfahrens (Zielerreichung) für Mitarbeiter, die älter als 50 Jahre sind.

Besonderheit
Koppelung an variable Vergütung;
Verfahren soweit formalisiert, daß das Ergebnis der Beurteilung länderübergreifend bei Stellenbesetzung verwendet werden kann.

Die berufliche Förderung des Mitarbeiters steht nach Auskunft des Unternehmens im Mittelpunkt des Beurteilungsverfahrens. Deshalb verwende man intern auch nicht die Bezeichnung „Beurteilungsverfahren", sondern spreche von „Gesprächen zur Mitarbeiterentwicklung". Jedem Mitarbeiter müsse klar sein, daß er sich aktiv um seine berufliche Weiterentwicklung kümmern müsse und entsprechende Maßnahmen zusammen mit seinem Vorgesetzten vereinbaren muß.

Die Betonung der Personalentwicklung ändert freilich nichts daran, daß auch bei BP die Mitarbeiter systematisch einer Leistungsbeurteilung unterzogen werden. Diese dient dazu, mögliche Entwicklungsmaßnahmen zu planen. Das Ergebnis der Beurteilung liefert außerdem die Berechnungsgrundlage für Leistungsprämien.

Das Verfahren ist so angelegt, daß sich Leistungen einzelner Mitarbeiter abteilungs- und sogar länderübergreifend miteinander vergleichen lassen, erläutert Wolf-Rüdiger Grohmann, bei BP Manager Interne Kommunikation. Der Vorteil für das Unternehmen wie für den karrierewilligen Mitarbeiter: bei international ausgeschriebenen Positionen lassen sich die

Beurteilungsbögen gut miteinander vergleichen und sind fester Bestandteil des Bewerbungsverfahrens.

Ein weiterer, vom Unternehmen gewünschter Aspekt: Die Leistungsanforderungen, die das Unternehmen an seine Mitarbeiter stellt, werden auf einigermaßen einheitlichem Niveau gehalten. Ein in Deutschland tätiger Manager wird demselben Beurteilungs- und Zielvereinbarungssystem unterzogen wie beispielsweise der Kollege in der Türkei, in Vietnam oder in den USA. „Das Leistungsniveau, das wir in bestimmten Positionen erwarten, und die Beantwortung der Frage, ob und in welchem Maße es erreicht wurde, hängen also nicht vom jeweiligen Vorgesetzten ab, sondern folgen konzernweit verbindlichen Regeln", sagt Grohmann. Das schaffe Vertrauen in das System und erzeuge das Gefühl, nach objektiven Maßstäben gemessen zu werden.

Das Verfahren, das BP gerade 1998 aktualisiert hat, in seinen wesentlichen Grundzügen aber bereits seit 1994 anwendet, beinhaltet drei Bestandteile:

- eine Zielvereinbarung,
- eine Zielerreichung und
- einen persönlichen Förderungs- und Entwicklungsplan.

Zur Bewältigung des Verfahrens erhalten alle Mitarbeiter des Unternehmens eine Reihe von Hilfsmitteln. Dazu gehören die „Hinweise zum Ablauf der Gespräche zur Mitarbeiter-Entwicklung", außerdem Erläuterungen, wie und von wem die verschiedenen Formulare ausgefüllt werden müssen und eine Begriffsdefinition. Außerdem gibt es Checklisten, in denen diejenigen Fähigkeiten und Fertigkeiten aufgeführt sind, die der Beurteilung unterzogen werden. Und schließlich erhält jeder Mitarbeiter die Bewertungsskala, nach der seine Leistungen klassifiziert und beurteilt werden. Die einzelnen Skalenstufen – sie reichen von „hervorragend" bis „verbesserungsbedürftig" – sind präzise definiert.

5.2.1 Die Zielvereinbarung

ZIELVEREINBARUNG 1

A

Name	
Gesellschaft/Abteilung	
Zeitraum	
Name des Vorgesetzten	

B Vereinbarte persönliche und Team-Ziele und nachträgliche Änderungen/Ergänzungen

1. (Für Mitarbeiter mit Vorgesetztenfunktion)
   Mitarbeiter einschätzen, fördern, beraten, entwickeln und ihnen weiterhelfen, ihre Leistung während des Jahres zu verbessern

Unter der Rubrik „B" nennt der Mitarbeiter im Schnitt vier bis sechs Ziele. Das im oben abgedruckten Formular bereits eingetragene Ziel „Mitarbeiter einschätzen..." ist ausschließlich für Mitarbeiter mit Vorgesetztenfunktion gedacht.

Die Ziele sollen laut Erläuterungen in den „Hinweisen zum Ablauf der Gespräche" folgende Kriterien erfüllen: „Ziele setzen bedeutet, daß Sie und Ihr Vorgesetzter sich darauf verständigen, was hinsichtlich Leistung und Können am Arbeitsplatz erreicht werden soll. Die einzelnen Ziele sollen numeriert werden, realistisch, klar, verständlich, möglichst meßbar und auf einen Zeitraum bezogen sein. Je nach Aufgabengebiet werden sie unterschiedlich sein, aber in der Regel Bezug zu Geschäftsergebnis, Leistungsniveau und persönlichen Entwicklungszielen haben. [...] Zur Festlegung der Ziele empfiehlt es sich zu fragen, welche

Aufgabenbereiche und Verhaltensweisen für Ihren Arbeitsplatz besonders wichtig sind. Was muß getan werden, um Ihre Aufgaben leichter, besser, sicherer erfüllen zu können? Die Diskussion mit Ihrem Vorgesetzten sollte diese Punkte herausarbeiten."

Es geht, wenn man dieser Erläuterung folgt, also nicht allein darum, Ziele für ein Jahr zu vereinbaren, sondern darüber hinaus konstruktiv die Rahmenbedingungen festzulegen, die für das Erreichen dieser Ziele nach Ansicht des Mitarbeiters notwendig oder förderlich sind. Um diese Anforderungen erfüllen zu können, muß der Mitarbeiter nicht nur seine eigene Arbeitsleistung, seine fachlichen Qualifikationen und zeitlichen Ressourcen einschätzen können. Er muß sich auch Informationen verschaffen über mögliche Verbesserungen der Arbeitsbedingungen – etwa im technischen Bereich oder bezüglich seiner eigenen Qualifikation – eine Anforderung, die laut Unternehmensleitung an alle Mitarbeiter, egal welcher Hierarchiestufe, gestellt wird.

Neben den individuellen Zielen werden auch Teamziele fixiert. Wie aus der Überschrift des Formulars zur Zielvereinbarung hervorgeht, sind nachträgliche Änderungen der Vereinbarung ausdrücklich berücksichtigt und müssen in das Formular eingetragen werden. Solche Änderungen können aufgrund neuer Projekte, personeller Veränderungen oder anderer vom Mitarbeiter nicht zu verantwortender Umstände notwendig werden.

Mitarbeiter und Vorgesetzter unterschreiben beide das Formular und setzen das Datum hinzu zum Zeichen, daß die Inhalte für ein Jahr verbindlich vereinbart worden sind. Beide, Mitarbeiter und Vorgesetzter, unterschreiben das Formular. Die Zielvereinbarung bleibt beim Mitarbeiter. Wenn der Vorgesetzte dies wünscht, erhält er eine Kopie.

Wechselt ein Mitarbeiter im Laufe eines Jahres innerhalb des Unternehmens seinen Arbeitsplatz, wird eine Art Zwischenbilanz über die bis dahin erreichten Ziel gezogen und mit dem neuen Vorgesetzten für den Rest des Jahres eine neue Zielvereinbarung getroffen.

5.2.2 Die Zielerreichung

ZIELERREICHUNG **2**

A	Name	
	Gesellschaft/Abteilung	
	Zeitraum	
	Name des Vorgesetzten	

B **Wie schätzen Sie – gemessen an den vereinbarten persönlichen und Team-Zielen – Ihre Leistung ein?**

1. (Für Mitarbeiter mit Vorgesetztenfunktion)
   Mitarbeiter einschätzen, fördern, beraten, entwickeln und ihnen weiterhelfen, ihre Leistung während des Jahres zu verbessern

C Stellungnahme des Vorgesetzten und Vereinbarungen

Hervorragende Leistung (O)		Sehr gute Leistung (S)	
Gute Leistung (E+)		Voll anforderungsgerechte Leistung (E)	
Verbesserungsbedürftige Leistung (U)			

D Wie hat Ihr Vorgesetzter Ihnen geholfen und wie könnte er Sie sonst noch unterstützen?

E Bemerkungen

F Unterschrift		Datum	
Unterschrift des Vorgesetzten		Datum	
Unterschrift des nächsthöheren Vorgesetzten		Datum	

187

Unter der Rubrik „B" muß jeder Mitarbeiter eine Art Selbst-einschätzung seiner Leistungen vornehmen. Grundlage ist die Zielvereinbarung des abgelaufenen Jahres. Dazu heißt es in den Hinweisen: „Sie haben die Chance, Ihre Leistungen gemessen an den vereinbarten Zielen selbst einzuschätzen und dabei besondere Erfolge und Fortschritte oder auch aufge-tauchte Schwierigkeiten hervorzuheben."

Es geht auch hier wieder um zwei Aspekte: Zum einen darum, die erbrachte Leistung einzuschätzen, zum anderen zu kommentieren, warum besondere Erfolge oder Mißerfolge eingetreten sind. Das Verfahren soll die Grundlage für das kritische Gespräch zwischen Vorgesetztem und Mitarbeiter sein und zwar unter dem Aspekt, was zukünftig verbessert werden kann. Die reine Bewertung der Leistung soll damit zugunsten der Zukunftsperspektive zurückgedrängt werden.

Um zu vermeiden, daß das Gespräch zwischen Mitarbeiter und Vorgesetztem auf das Niveau „irgendwie ist das Jahr nicht gut gelaufen" abrutscht, heißt es in den „Hinweisen": „Am besten verdeutlichen Sie Ihre Aussagen an konkreten Beispie-len, damit Sie eine gute Grundlage für das Gespräch mit Ihrem Vorgesetzten haben."

Als Hilfe für die Einschätzung von Stärken und Schwächen erhält jeder Mitarbeiter die nachfolgend abgedruckte „Check-liste: Wichtige Fähigkeiten und Fertigkeiten".

CHECKLISTE: WICHTIGE FÄHIGKEITEN UND FERTIGKEITEN

		Definition	Stellungnahmen
O P E N	Offenes Denken	Ist aufgeschlossen gegenüber neuen Ideen und Ansätzen, stellt überkommene Denkweisen in Frage und „sieht über den Tellerrand".	
P E R S Ö N L I C H E R E I N S A T Z	Initiative zeigen	Sucht neue Möglichkeiten, greift neue Ideen auf und implementiert sie; nimmt Probleme frühzeitig auf, findet Wege, sie zu klären und zu lösen.	
	Einfühlungsvermögen	Nimmt sich Zeit, Menschen, ihren Standpunkt, ihre Belange und Bedürfnisse zu verstehen und darauf einzugehen. Weiß, wie man motiviert.	
	Einfluß durch Persönlichkeit	Bedenkt die Wirkung seines Handelns auf andere, baut eine Atmosphäre von gegenseitiger Achtung und Vertrauen auf. Stellt sein Verhalten auf die jeweilige Situation ein.	
	Selbstvertrauen	Ist sich seiner Fähigkeiten bewußt, geht Herausforderungen offen an und übernimmt Verantwortung für Erfolg oder Mißerfolg. Ist bereit, die eigene Rolle und eigenes Verhalten in Frage zu stellen.	

189

		Definition	Stellungnahmen
E **R** **M** **U** **T** **I** **G** **U** **N** **G** **U** **N** **D** **H** **I** **L** **F** **E**	**Fördern und Entwickeln**	Vereinbart realistische Ziele, übernimmt die Verantwortung für die Zielerreichung und gibt klare Rückmeldung, unterstützt Entwicklung und Verbesserungen.	
	Teamarbeit zum Erfolg führen	Trägt gemeinsame Entscheidungen und Problemlösungen mit. Setzt sich für ein klares Rollenverständnis ein, nimmt Beiträge auf und unterstützt aktiv bei der Problemlösung.	
	Motivieren	Erkennt und nutzt die Stärke des Einzelnen. Weiß, was andere motiviert und handelt dementsprechend. Findet die richtige Art des Miteinanders, die zu Leistungen anregt.	
N **E** **T** **Z** **W** **E** **R** **K**	**Einwirken auf andere**	Stellt gemeinsame Interessen in den Vordergrund und geht wechselseitige Bündnisse ein; einmal durch die Einbeziehung der Standpunkte und Bedürfnisse anderer, zum anderen durch die Einbeziehung der geschäftlichen und organisatorischen Bedingungen.	
	Kommunikation	Verdeutlicht anderen klar und verständlich gemeinsame Vorteile, gibt Informationen weiter, hört zu und geht auf andere ein.	
	Gemeinsam erfolgreich sein	Entwickelt und bestärkt die Arbeit am gemeinsamen Ziel, läßt andere am Erfolg teilhaben.	

Diese Checkliste ist im Zuge der Anwendung des Beurteilungsverfahrens verfeinert und um drei neue Punkte erweitert worden:

- Fachkenntnisse
  „Dies sind geschäfts- oder servicebereichsspezifische Mitarbeiterqualifikationen (z.B. Tankstellen, Versorgung, Informationssysteme). Obwohl sie auch für Arbeitsplätze in anderen Bereichen zutreffen können, sind sie insgesamt im Unternehmen nicht allgemeingültig."
- Fachübergreifende Kenntnisse und Fähigkeiten
  „Diese Fertigkeiten sind auf den meisten, wenn auch nicht notwendigerweise auf allen Arbeitsplätzen erforderlich. Sie sind die Grundlage für ein kundenorientiertes und wirtschaftliches Unternehmen."
- Verhaltensweisen
  „Diese wesentlichen Verhaltensweisen zielen auf die Bereiche: persönliche Effektivität, hohe Leistung und erfolgreiche Teamarbeit."

Wenn der Mitarbeiter unter Zuhilfenahme der Checkliste und seiner Zielvereinbarung vom vergangenen Jahr das Feld B des Formulars ausgefüllt hat, gibt er es seinem Vorgesetzten. Es dient beiden als Grundlage für ein Gespräch über die Leistungen des Mitarbeiters im abgelaufenen Jahr.

Sollten sich in dieser Diskussion Aspekte ergeben, die der Mitarbeiter bis dahin nicht berücksichtigt hat aber nun erwähnen möchte, so kann er das im Feld E des Formulars ergänzen.

Der Vorgesetzte nimmt im Anschluß an das Gespräch mit dem Mitarbeiter eine formalisierte Leistungseinschätzung vor. Die auf der zweiten Seite der Zielerreichung – unter der Rubrik C – aufgeführte Skalierung ist allen Mitarbeitern bekannt. Im einzelnen besagt sie:

191

■ Hervorragende Leistung (O)
Außergewöhnlicher Beitrag, zeigt in hohem Maß Einsatz und Initiative, erfüllt alle Zielsetzungen und Anforderungen.

■ Sehr gute Leistung (S)
Beitrag liegt über den allgemeinen Erwartungen, wird allen Zielsetzungen und Anforderungen gerecht.

■ Gute Leistung (E)
Gute Leistung, erreicht voll den erwarteten Standard, erfüllt die wesentlichen Ziele und Anforderungen. Die Mehrheit der Mitarbeiter erbringt dauerhaft gute Leistungen. Um Abstufungen innerhalb dieser Bandbreite verdeutlichen zu können, besteht die Möglichkeit, ein E+ zu vergeben.

■ Verbesserungsbedürftige Leistung (U)
Leistung ist zu verbessern, erfüllt nicht alle Ziele und Anforderungen.

Bemerkenswert bei dieser Skalierung ist der Wert „E" für gute Leistung, der im Bedarfsfall mit einem Plus versehen werden kann, um, wie es heißt, „Abstufungen" zu ermöglichen. Wie bereits im dritten Kapitel dargestellt, ist es nicht ganz einfach, eine Skalierung zu finden, die einerseits praktikabel ist – also eine überschaubare Zahl von Skalenwerten mit nachvollziehbaren und klaren Unterscheidungen enthält – andererseits aber auch eine Skala zu haben, die differenziert genug ist, um Leistungsunterschiede genügend zu berücksichtigen. Bei BP behilft man sich damit, für den – im Durchschnitt am häufigsten genutzten – Skalenwert „gut" im Bedarfsfall ein Plus hinzuzufügen.

Nicht nur der Mitarbeiter wird durch seinen Vorgesetzten beurteilt. Umgekehrt liefert das Verfahren auch die Möglichkeit der sogenannten Vorgesetztenbeurteilung. Sie wird – wie in vielen Unternehmen – bei BP als „Feedback" bezeichnet. Anders jedoch als in anderen Unternehmen erfolgt sie bei BP nicht anonym, sondern wird vom Mitarbeiter in das Formular

„Zielerreichung" eingetragen. Allerdings ist es jedem Mitarbeiter freigestellt, diese Rubrik auszufüllen oder offenzulassen.

Schließlich die Rubrik F: Sie zeigt, daß nicht nur Mitarbeiter und direkter Vorgesetzter, sondern auch der nächsthöhere Vorgesetzte das Formular abzeichnen müssen. Mit dieser Maßnahme soll erreicht werden, daß das Mitarbeitergespräch termingerecht und vollständig durchgeführt wird.

5.2.3 Der persönliche Leistungsverbesserungs- und Entwicklungsplan

---

OEU/Persönlicher Leistungsverbesserungs- und Entwicklungsplan

Name	
Name des Vorgesetzten	
Datum der Vereinbarung	

A Besprechung des bisherigen Trainings- und Entwicklungsplans

Aufzeichnung aller Trainings- und Entwicklungsmaßnahmen des vergangenen Jahres sowie deren Auswirkung auf Ihre Arbeitsleistung. Notieren Sie auch alle vereinbarten Maßnahmen, die nicht abgeschlossen werden konnten. Nennen Sie die Gründe dafür und wie Sie weiter damit verfahren wollen.

B Einschätzung der Fähigkeiten und Fertigkeiten (Qualifikationen)
Zusammenfassung der auf Grundlage der „Checkliste für Mitarbeiterqualifikationen" gemeinsam erkannten Stärken und Verbesserungsmöglichkeiten.

C Leistungsverbesserungsplan
Kurzfristige (d.h. 12 Monate) Trainings- und Entwicklungsziele einschl. Aktionsplan und Unterstützungsmaßnahmen durch den Vorgesetzten.

D Persönlicher Entwicklungsplan
Langfristige berufliche Entwicklungsziele einschl. Aktionsplan und Unterstützungsmaßnahmen durch den Vorgesetzten.

E Unterschrift		Datum	
Unterschrift des Vorgesetzten		Datum	

Der persönliche Förderungs- und Entwicklungsplan ist der dritte Teil des Gesamtpakets „Mitarbeiterentwicklung" bei BP. Die Diskussion über diesen Bereich sollte alle drei Jahre stattfinden, heißt es in den „Hinweisen" an die Mitarbeiter. „Wir bitten Sie, Ihren Standort zu bestimmen in bezug auf persönliche Entwicklung, Anforderungen des Arbeitsplatzes, Fähigkeiten sowie Kenntnisse und zu überlegen, wo durch zusätzliche Aus- oder Weiterbildung oder andere Maßnahmen mehr Vielseitigkeit, Zufriedenheit, Effektivität erreicht werden kann." Wie der für die Interne Kommunikation verantwortliche Manager, Wolf-Rüdiger Grohmann, feststellte, ist jeder Mitarbeiter aufgefordert, sich aktiv um Weiterbildung und Qualifizierung zu kümmern. Dazu gehört, wie aus den Hinweisen deutlich wird, daß der Mitarbeiter die Initiative zu einem Gespräch über seine beruflichen Ambitionen ergreift, daß er selbst seine Ziele definiert, dabei seine familiäre Planung, seine Mobilität, aber auch fachliche und persönliche Fähigkeiten und Fertigkeiten einbezieht. Auf dieser Basis entwickelt er eine Art Karriereplanung, benennt also seine mittelfristigen beruflichen Ziele innerhalb des Unternehmens. Der Vorgesetzte nimmt Stellung zu diesen Absichten, das heißt, er teilt dem Mitarbeiter mit, ob er dessen Selbsteinschätzung bezüglich der fachlichen und persönlichen Fähigkeiten teilt, ob innerhalb des anvisierten Zeitraums die angestrebte Position vakant wird oder ob er andere für den Mitarbeiter geeigneter erscheinende Einsatzmöglichkeiten sieht. In diesem Gespräch sollten dann auch konkrete Maßnahmen vereinbart werden, die es dem Mitarbeiter ermöglichen, seine beruflichen Ziele zu erreichen. „Ziel der vereinbarten Planung ist es, Ihre Fähigkeiten und Fertigkeiten zu stärken, größere Zufriedenheit mit der Arbeit zu erreichen und soweit wie möglich Ihre Wünsche für die Zukunft zu realisieren", heißt es in den Hinweisen an die Mitarbeiter.

Zufriedenheit am Arbeitsplatz wird als wichtige Voraussetzung dafür gesehen, um im Sinne des gesamten Unternehmens effizient und erfolgreich zu arbeiten. Die Beurteilung, Zielvereinbarung und schließlich der Entwicklungsplan dienen – nicht nur bei BP – als Instrument, um dieses Ziel zu erreichen.

OEU/Maßnahmen zur Leistungsverbesserung

Hinweise zum persönlichen Leistungsverbesserungs- und Entwicklungsplan

Die Maßnahmen zur Verbesserung der persönlichen Leistung und beruflichen Entwicklung wurden innerhalb BP Oil Europe bereits gut angenommen. Sie basieren auf der Annahme, daß Menschen, die für ihre eigene Weiterbildung sowie Leistungsverbesserung und damit für ihre gesamte berufliche Entwicklung die Verantwortung übernehmen, mehr Freude an ihrer Arbeit haben. Dadurch verbessern sie gleichermaßen ihre Einsatzmöglichkeiten innerhalb und außerhalb der BP Organisation sowie die Gesamtleistung des Unternehmens.

Die Maßnahmen bestehen aus vier wesentlichen Aktivitäten: Selbsteinschätzung (Selbstbild); Vergleich mit der Einschätzung durch den Vorgesetzten (Fremdbild); Zielvereinbarung und Aktionsplanung. Sie sollen Ihnen helfen, die Kommunikation und das gegenseitige Verständnis zwischen Ihnen und Ihrem Vorgesetzten zu verstärken sowie ein deutlicheres Bild über Ihre persönlichen Stärken und Verbesserungsmöglichkeiten zu schaffen.

Wesentliche Veränderungen zum bisherigen Verfahren sind:

Neue Checkliste für Mitarbeiterqualifikationen

Um Sie und Ihren Vorgesetzten bei der Einschätzung Ihrer Qualifikationen zu unterstützen wird die bisherige Checkliste über wesentliche Verhaltensweisen durch eine präzisere Checkliste ersetzt. Die neue Checkliste wurde auf Grundlage des „OEU Rahmenkonzeptes für Mitarbeiterqualifikationen", das aus 3 Hauptbausteinen besteht, erstellt:

Fachkenntnisse
Dies sind geschäfts- oder servicebereichsspezifische Mitarbeiterqualifikationen (z.B. Tankstellen, Versorgung, Informationssysteme). Obwohl sie auch für Arbeitsplätze in anderen Bereichen zutreffen können, sind sie insgesamt im Unternehmen nicht allgemeingültig.

Fachübergreifende Kenntnisse und Fähigkeiten
Diese Fertigkeiten sind auf den meisten, wenn auch nicht notwendigerweise auf allen, Arbeitsplätzen erforderlich. Sie sind die Grundlage für ein kundenorientiertes und wirtschaftlich erfolgreiches Unternehmen.

Verhaltensweisen

Diese wesentlichen Verhaltensweisen zielen auf die Bereiche: persönliche Effektivität, hohe Leistung und erfolgreiche Teamarbeit.

Weitere Hinweise für den Gebrauch des „OEU Rahmenkonzepts für Mitarbeiterqualifikationen" können Sie von Ihrem Vorgesetzten bzw. von Ihrer Personalabteilung erhalten.

Leistungsverbesserungsplan/Besprechung der bisherigen Trainings- und Entwicklungspläne

Dem persönlichen Leistungsverbesserungs- und Entwicklungsplan sind neue Abschnitte hinzugefügt worden, um sicherzustellen, daß individuelle Vereinbarungen über Training und Entwicklung, die auf eine kurzfristige Leistungsverbesserung abzielen, jährlich festgelegt und besprochen werden.

Hinweise zum Ausfüllen des Formulars:

A – Besprechung des bisherigen Trainings- und Entwicklungsplans

Betrachten Sie rückwirkend alle Trainings- und Entwicklungspläne, die Sie mit Ihrem Vorgesetzten im vergangenen Jahr vereinbart haben und was sich daraus ergeben hat. Zeichnen Sie die durchgeführten Maßnahmen und welchen Einfluß diese auf Ihre Leistung hatten auf. Halten Sie ebenfalls alle nicht abgeschlossenen Maßnahmen und die Gründe dafür schriftlich fest. Wenn noch nicht durchgeführte Maßnahmen nach wie vor erforderlich sind, dann tragen Sie sie erneut im Teil C – dem Leistungsverbesserungsplan für das nächste Jahr – ein.

B – Checkliste für Mitarbeiterqualifikationen

Die beigefügte Checkliste für Mitarbeiterqualifikationen soll Ihnen helfen, Ihre Fertigkeiten einzuschätzen. In der Checkliste sind die „fachübergreifenden Fähigkeiten und Fertigkeiten" und die „Verhaltensweisen" vorgedruckt. Nutzen Sie zur Einschätzung Ihrer Fertigkeiten den OEU Leitfaden für Mitarbeiterqualifikationen als Hilfsmittel. Sie erhalten ihn von Ihrem Vorgesetzten oder Ihrer Personalabteilung.

In der Rubrik „Fachkenntnisse" ist in Ihrer Checkliste nichts eingetragen. Füllen Sie diesen Teil bitte mit den Fähigkeiten und Fertigkeiten aus, die speziell für Ihren Geschäfts- bzw. Servicebereich gelten. Sollten die Fachkenntnisse für Ihren Bereich

197

noch nicht verfügbar sein, dann lassen Sie diesen Teil aus, oder vereinbaren Sie die speziell für Ihren Arbeitsplatz zutreffenden Qualifikationen mit Ihrem Vorgesetzten. Falls Sie Beschreibungen von Fachkenntnissen anderer Bereiche benötigen, da Sie z.B. bei Tankstellen arbeiten, aber mit Einkaufsarbeiten betraut sind, bitten Sie Ihre Personalabteilung um Zusendung der entsprechenden Unterlagen.

> *Spalte I* Tragen Sie hier die mit Ihrem Vorgesetzten abgestimmte Einstufungskennziffer für das entsprechende Qualifikationskriterium Ihres Arbeitsplatzes ein. In einigen Geschäfts-/Servicebereichen gibt es Beschreibungen von Tätigkeiten bzw. Arbeitsplätzen, die Ihnen dabei behilflich sein können.

5.3 Beispiel debis: Variable Gehaltsanteile berücksichtigen individuelle Leistung und Unternehmensergebnis

„Unsere Mitarbeiter tragen ein hohes Maß an Eigenverantwortung. Wir wollen Leistungsanreize schaffen und Leistungen honorieren."

Dr. Norbert Bensel, Personalvorstand der debis AG

Name des Unternehmens
DaimlerChrysler Services (debis) AG

Branche
Dienstleistung

Zahl der Mitarbeiter
20.037 (Stand 1998)

Interne Bezeichnung des Beurteilungssystems
Beurteilung von Leistung und Zielerreichung/Zielvereinbarung

198

Datum der Einführung
01.01.1999

Ziele des Verfahrens laut Unternehmen

1. Alle Mitarbeiter sind direkt am Ergebnis des Unternehmens beteiligt.
2. Der Zusammenhang von individueller Leistung und Bezahlung wird unmittelbar sichtbar gemacht.
3. Das Unternehmen will seinen Mitarbeitern ein attraktiver Arbeitgeber sein.

Beteiligte Mitarbeitergruppen
Die Hälfte der inländischen debis-Mitarbeiter.

Besonderheit
Das Jahreszielgehalt aller Mitarbeiter enthält einen variablen Anteil, der zwischen zehn und zwanzig Prozent liegt. Er bemißt sich zu gleichen Teilen aus der individuellen Leistung des Mitarbeiters und dem Unternehmensergebnis. Je nach persönlicher Leistung und Unternehmensergebnis kann der variable Anteil des Jahreszielgehalts den Zielbetrag über- oder unterschreiten.

An der Frage, ob Mitarbeiterbeurteilungen dazu genutzt werden sollten, variable Gehaltsanteile, Prämien etc. festzulegen, scheiden sich die Geister. Einige Unternehmen lehnen eine solche Koppelung ab.

Die debis AG, das Dienstleistungsunternehmen im DaimlerChrysler-Konzern, verneint dieses Problem nicht gänzlich, hält es aber für lösbar. Es sei eine Frage der Reife eines Unternehmens, sagt Personalvorstand Dr. Norbert Bensel, ob es gelingt, beides zu verbinden: Offenheit in der Kommunikation zwischen Mitarbeiter und Vorgesetztem und Festlegung von variablen Vergütungsanteilen.

Diese Offenheit betrifft nicht nur den außertariflichen Bereich: Mit Wirkung zum 1. Januar 1999 hat das Unternehmen einen neuen Ergänzungstarifvertrag für debis-Mitarbeiterinnen und -Mitarbeiter abgeschlossen, der neben einer stärkeren Flexibilisierung der Wochen- und Lebensarbeitszeit u.a. die Einführung einer variablen Gehaltskomponente beinhaltet. Deren Höhe bemißt sich nach dem Ergebnis des Unternehmens und den individuellen Leistungen des Mitarbeiters. Hier liegt eine Besonderheit: Nicht nur Mitarbeiter in herausgehobenen Positionen oder auf höheren Hierarchieebenen, sondern alle Beschäftigten, auch die tariflich gebundenen – von der Sekretärin über den Assistenten bis zur Managerin – erhalten einen variablen Gehaltsanteil, der die individuelle Leistung berücksichtigt.

Eine weitere Komponente des Ergänzungstarifvertrags betrifft eine Verbesserung der Qualifizierung der Mitarbeiter. Das Unternehmen ist überzeugt davon, daß mit dieser tariflichen Regelung starke Impulse für Leistungsanreiz und Leistungshonorierung ausgehen.

Im einzelnen gelten für die Vergütung die folgenden Punkte:

1. Für jeden Mitarbeiter wird ein sogenanntes Jahreszielgehalt festgelegt. Es besteht aus zwölf gleichen Monatsgehältern und einer leistungs- und unternehmensergebnisabhängigen variablen Jahreszahlung.
2. Das Jahreszielgehalt des Vorjahres, das errechnet wird aus den Monatsgehältern und dem tariflichen Urlaubs- und Weihnachtsgeld sowie weiterer Sonderzahlungen, wird zum Jahreszielgehalt des aktuellen Jahres.
3. Der variable Anteil des Gehalts liegt zwischen zehn und zwanzig Prozent je nach Vergütungsgruppe und individueller Vereinbarung. Dieser variable Gehaltsanteil besteht aus zwei gleich großen Komponenten. Die erste orientiert sich an den individuellen Leistungen des Mitarbeiters, die andere am Unternehmensergebnis.

4. Die persönlichen Ziele eines jeden Mitarbeiters werden zu Jahresanfang in einer Zielvereinbarung zwischen Vorgesetzten und Mitarbeitern festgelegt.
5. Je nach individueller Leistung und je nach dem Unternehmensergebnis kann der variable Gehaltsbestandteil den Zielbetrag der variablen Jahreszahlung über- oder unterschreiten.

Die individuelle Leistung wird anhand von fünf (bei Mitarbeitern mit Personalverantwortung mit sechs) für das Unternehmen einheitlichen Kriterien gemessen und bewertet. Neben dem Messen des quantitativen und qualitativen Arbeitsergebnisses gehören dazu die Team- und Kundenorientierung des Mitarbeiters, seine Einsatzbereitschaft und – gegebenenfalls – sein Führungsverhalten. Diese Leistungen werden anhand einer Skala von 1 (nicht erfüllt) bis 7 (deutlich übererfüllt) gemessen.

Die Arbeitsziele, die Mitarbeiter und Vorgesetzter in der sogenannten Zielvereinbarung festlegen, werden anhand von konkreten Bewertungsmaßstäben beurteilt. Diese sind in der Zielvereinbarung definiert. Jeder Mitarbeiter definiert zusammen mit seinem Vorgesetzten in der Regel drei Ziele. Beide legen die Gewichtung der einzelnen Ziele fest.

5.3.1 Formulare zur Beurteilung von Leistung und Zielerreichung

Die „Formulare zur Beurteilung von Leistung und Zielerreichung" sind, wie die Abbbildungen zeigen, unaufwendig und übersichtlich. Aus den Einzelnoten wird eine Gesamtnote ermittelt und festgehalten. Der Mitarbeiter gibt ebenso wie sein Vorgesetzter eine Stellungnahme ab. Beide vereinbaren schriftlich weitere Maßnahmen.

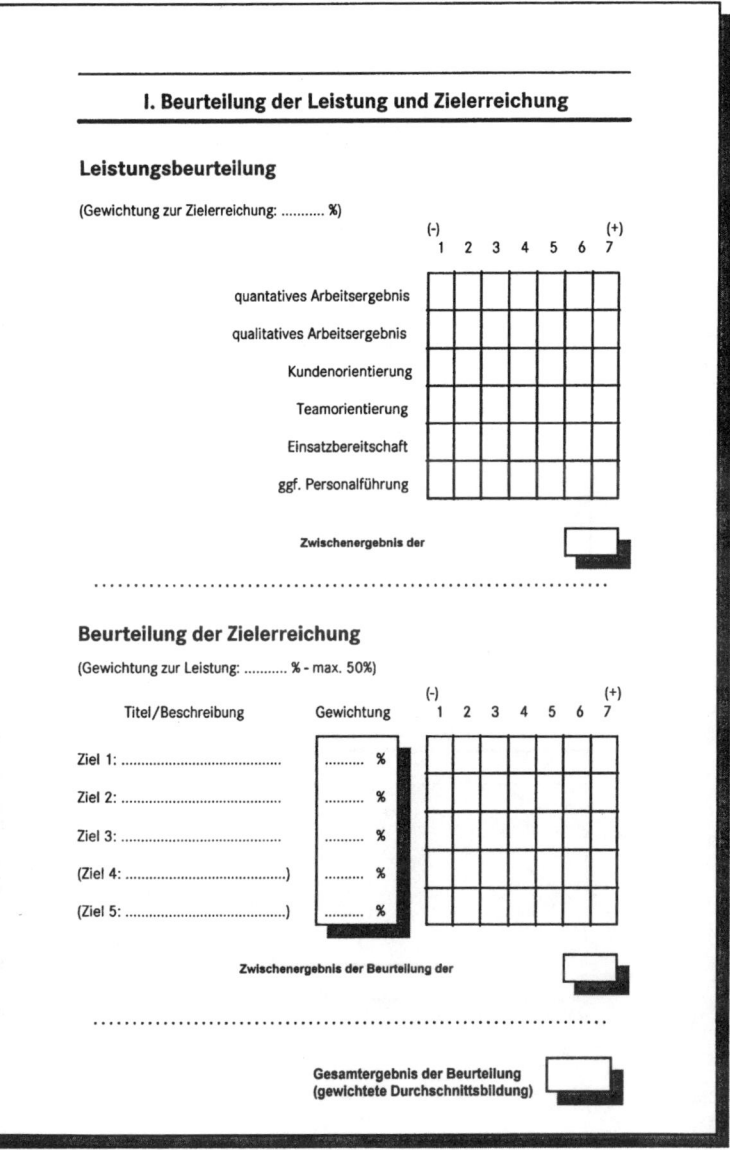

I. Beurteilung der Leistung und Zielerreichung

Leistungsbeurteilung

(Gewichtung zur Zielerreichung: .... %)

(-) 1 2 3 4 5 6 7 (+)

- quantatives Arbeitsergebnis
- qualitatives Arbeitsergebnis
- Kundenorientierung
- Teamorientierung
- Einsatzbereitschaft
- ggf. Personalführung

Zwischenergebnis der

Beurteilung der Zielerreichung

(Gewichtung zur Leistung: .... % - max. 50%)

Titel/Beschreibung	Gewichtung	(-) 1 2 3 4 5 6 7 (+)
Ziel 1:	.... %	
Ziel 2:	.... %	
Ziel 3:	.... %	
(Ziel 4: ....)	.... %	
(Ziel 5: ....)	.... %	

Zwischenergebnis der Beurteilung der

Gesamtergebnis der Beurteilung
(gewichtete Durchschnittsbildung)

II. Stichwortartige Aufzeichnungen

III. Stellungnahme des Mitarbeiters (fakultativ)

....
Unterschrift Mitarbeiter

IV. Abzuleitende Maßnahmen

Die Beurteilung wurde dem Mitarbeiter im Gespräch am ....
eröffnet und erläutert.

....
Unterschrift MA

....
Unterschrift Vorgesetzter

Die Zielvereinbarung wird für ein Jahr getroffen. Nach Möglichkeit sollte sie im Anschluß an das Beurteilungsgespräch erfolgen. Damit, so das Unternehmen, werden beide Teile – die Beurteilung der erbrachten Leistung und das Festlegen der künftigen Ziele – zu einem ganzheitlichen Prozeß zusammengefaßt.

5.3.2 Formulare zur Zielvereinbarung

Auch die Zielvereinbarung muß sowohl vom Mitarbeiter wie vom Vorgesetzten unterschrieben werden. Außerdem wird flexibel festgelegt, wie hoch der Anteil der Leistungsbeurteilung an der Gesamtbeurteilung sein soll und wie stark die Zielerreichung ins Gewicht fallen wird (in dem Formular zur Zielvereinbarung ist das die Rubrik „Gewichtung von Leistungen zur Beurteilung der Ziele").

Die Zielvereinbarung erfolgt auf der Grundlage der „absehbaren wesentlichen Aufgaben und Arbeitsinhalte des Mitarbeiters", heißt es in einer Unternehmensinformation. Dabei werden bestimmte angestrebte persönliche Entwicklungen und/oder Arbeitsschwerpunkte im Rahmen der durch den Mitarbeiter ausgeübten Tätigkeit für das nächste Jahr hervorgehoben und zu erreichende Ergebnisse genau spezifiziert. Durch die Zielvereinbarung werde es möglich, Stärken des Mitarbeiters weiter auszubauen und Entwicklungspotentiale zu fördern.

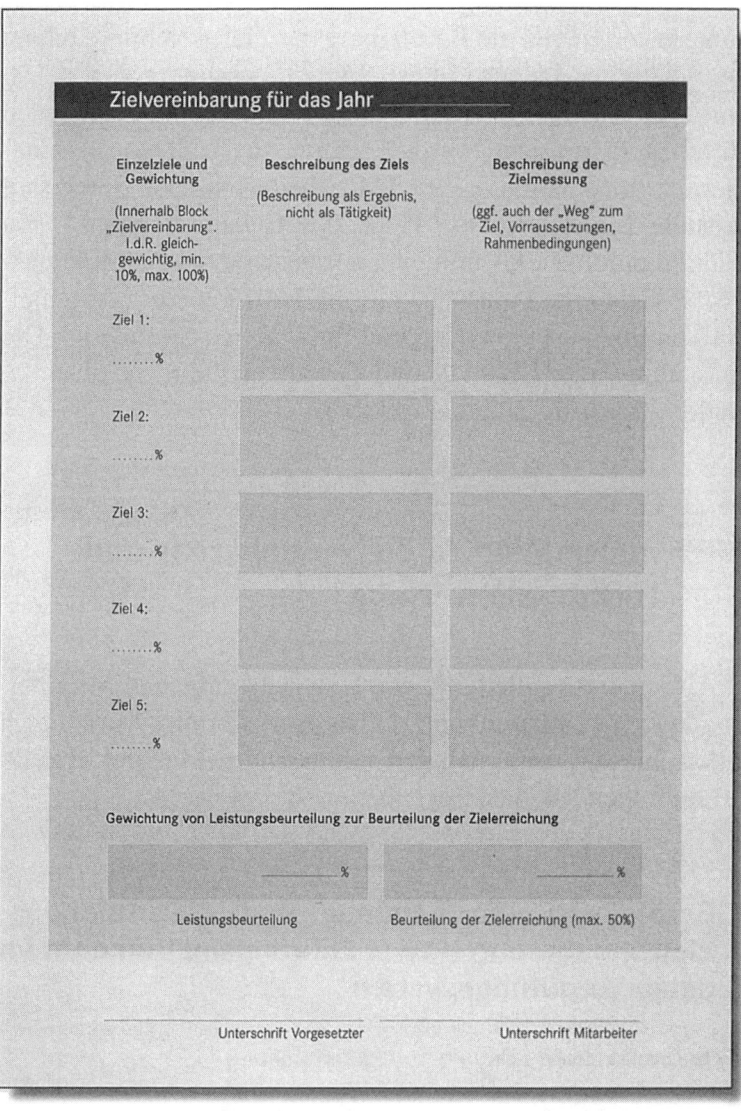

Zielvereinbarung für das Jahr

Einzelziele und Gewichtung	Beschreibung des Ziels	Beschreibung der Zielmessung
(Innerhalb Block „Zielvereinbarung". I.d.R. gleichgewichtig, min. 10%, max. 100%)	(Beschreibung als Ergebnis, nicht als Tätigkeit)	(ggf. auch der „Weg" zum Ziel, Vorraussetzungen, Rahmenbedingungen)
Ziel 1: ....%		
Ziel 2: ....%		
Ziel 3: ....%		
Ziel 4: ....%		
Ziel 5: ....%		

Gewichtung von Leistungsbeurteilung zur Beurteilung der Zielerreichung

_____ %   _____ %

Leistungsbeurteilung   Beurteilung der Zielerreichung (max. 50%)

_____   _____
Unterschrift Vorgesetzter   Unterschrift Mitarbeiter

Beides, die Beurteilung von Leistung anhand von fünf Leistungskriterien und die Beurteilung der Zielerreichung, bilden die Eckpfeiler in dem neuen Vergütungssystem der debis. Durch sie soll eine leistungsgerechte Entlohnung eines jeden Mitarbeiters erreicht werden, denn, so heißt es in einer internen Information, „diese [Mitarbeiter] können durch ihre Leistung Einfluß auf die Höhe des Gehalts nehmen." Mit „Führen durch Ziele" und einem transparenten Beurteilungsprozeß kann eine Führungskraft die Leistung eines Mitarbeiters unmittelbar honorieren und ihn dadurch motivieren. Die Verbindung von Leistung und Gehalt bleibe nicht abstrakt, sondern werde unmittelbar sichtbar.

5.3.3 Information zu Zielvereinbarung und Leistungsbewertung

Als konkrete Anleitung, wie Führungskräfte und Mitarbeiter Ziele vereinbaren und Leistungsbewertung vornehmen sollen, hat das Unternehmen umfassendes Material erstellt, das im folgenden wiedergegeben wird.

1 Beurteilung von Leistung und Zielerreichung, Zielvereinbarung – zwei Führungsinstrumente im debis-Vergütungssystem

Die Beurteilung von Leistung und Zielerreichung

Jeweils zu Anfang eines Jahres wird in einem Mitarbeitergespräch den Mitarbeiterinnen und Mitarbeitern – im folgenden wird zur Vereinfachung die männliche Form verwendet – durch Sie, dem direkten Vorgesetzten, die Beurteilung von Leistung (dies ist eine Beurteilung von allgemeinen Arbeitsanforderungen) und Zielerreichung (dies ist eine Beurteilung spezieller, im Vorjahr vereinbarter Arbeitsziele) eröffnet und erläutert. Dabei diskutieren Sie gemeinsam mit dem Mitarbeiter das Leistungsverhalten und das Leistungsergebnis und besprechen ggf. Maßnahmen zum optimalen Einsatz sowie zur Förderung und Entwicklung des Mitarbeiters – jeder Mitarbeiter hat einen Anspruch auf eine Leistungsbeurteilung! Die Beurteilung der Leistung und der Zielerreichung dient dabei als eine der Bestimmungsgrößen für die variable Jahreszahlung.

Die Leistungsbeurteilung, also die Beurteilung allgemeiner stellenbezogener Arbeitsanforderungen, wird dabei anhand von fünf – bei Mitarbeitern mit Personalverantwortung anhand von sechs – debis-weit einheitlichen Kriterien vorgenommen, die die Besonderheiten der Dienstleistungsbranche widerspiegeln. So werden u.a. Team- und Kundenorientierung des einzelnen Mitarbeiters beurteilt. Hingegen wird die Beurteilung der speziellen Arbeitsziele aus der vorjährigen Zielvereinbarung, also die Beurteilung der Zielerreichung, anhand von konkreten Bewertungsmaßstäben vorgenommen, die Sie und der Mitarbeiter bereits in der Zielvereinbarung definiert haben.

Die Zielvereinbarung

Die Zielvereinbarung für ein gerade begonnenes Jahr kann, sofern Sie dies für sinnvoll halten, ebenfalls im Mitarbeitergespräch zwischen Ihnen und dem Mitarbeiter abgeschlossen werden – direkt im Anschluß an die Erläuterung der Beurteilung. Somit wird die Zielvereinbarung Teil in einem ganzheitlichen Prozeß – von der Beurteilung der Leistung und letztjähriger Zielerreichung zur Ableitung neuer Ziele für das kommende Jahr. Die Zielvereinbarung erfolgt auf der Grundlage der absehbaren wesentlichen Aufgaben und Arbeitsinhalte des Mitarbeiters – dabei werden bestimmte angestrebte persönliche Entwicklungen und/oder Arbeitsschwerpunkte im Rahmen der durch den Mitarbeiter ausgeübten Tätigkeit für das nächste Jahr hervorgehoben und zu erreichende Ergebnisse genau spezifiziert. Durch die Zielvereinbarung wird es möglich, Stärken des Mitarbeiters weiter auszubauen und Entwicklungspotentiale zu fördern.

Die Beurteilung von Leistung und Zielerreichung sowie die Zielvereinbarung stellen wesentliche Bausteine im debis-Vergütungssystem dar. Sie ermöglichen eine flexible, leistungsgerechte Entlohnung der Mitarbeiter. Denn diese können durch ihre Leistung Einfluß auf die Höhe des Gehalts nehmen. Sie als debis-Führungskraft können mit dem „Führen durch Ziele" mitsamt des transparenten Beurteilungsprozesses die Leistung des Mitarbeiters unmittelbar honorieren und motivieren ihn dadurch – die Verknüpfung von Leistung und Gehalt bleibt nicht abstrakt, sondern wird unmittelbar eingängig. Entgelte orientieren sich weniger an Arbeitszeiten, sondern an gemeinsam vereinbarten Zielen. Dieser Leitfaden soll Ihnen, der debis-Führungskraft, helfen, sich auf die Beurteilung von Leistung und Zielerreichung sowie Zielvereinbarung vorzubereiten und diese mit Ihrem Mitarbeiter durchzuführen. Für beides, Beurteilung und Zielvereinbarung, wird Ihnen ein elektronisches Formular als Arbeitsgrundlage (bzw. eine äquivalente Papierversion) zur Verfügung gestellt. Muster der Formulare finden Sie im Anhang. Zudem ist dieser Borschüre ein Faltblatt angefügt, auf dem die Prozesse nochmals als Übersicht zusammengefaßt sind.

Die folgende Darstellung verdeutlicht den Zusammenhang vom debis-Vergütungssystem als Ganzes und den Bestandteilen der Beurteilung von Leistung und Zielerreichung/Zielvereinbarung:

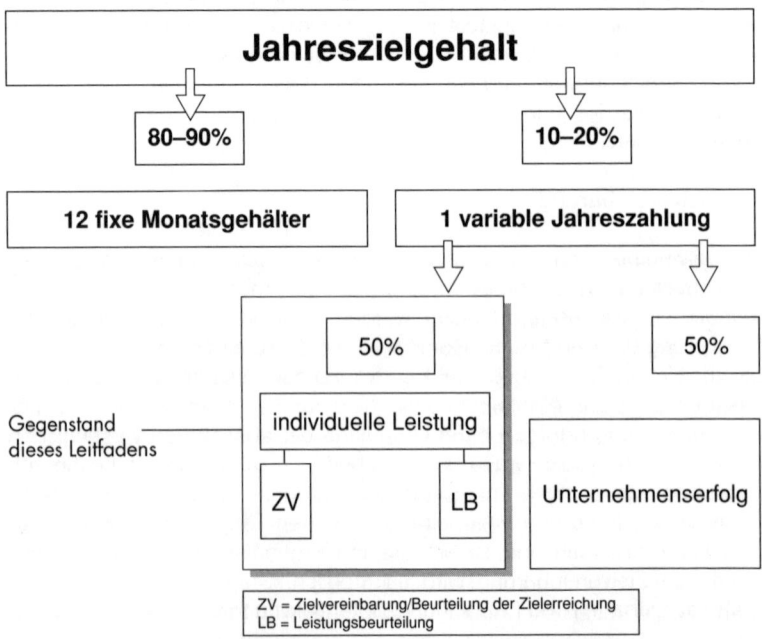

ZV = Zielvereinbarung/Beurteilung der Zielerreichung
LB = Leistungsbeurteilung

2 Das Mitarbeitergespräch

Das Mitarbeitergespräch umfaßt zunächst zwei Schritte:

- Die Beurteilung der Leistung,
- die Beurteilung der Zielerreichung.

Vorbereitung sowie Durchführung des Gesprächs werden im folgenden erläutert.

210

2.1 Die Vorbereitung auf das Mitarbeitergespräch

Zwischen Ihnen und dem Mitarbeiter findet einmal jährlich zum Jahresbeginn das Mitarbeitergespräch statt. Das Gespräch sollte spätestens bis zum 31.1. eines Jahres geführt werden, damit der variable Anteil der Vergütung im April an Ihre Mitarbeiter ausgezahlt werden kann[1]. Laden Sie den Mitarbeiter zu dem Gespräch rechtzeitig unter Nennung des Themas ein. Soweit der Mitarbeiter über größere Zeitabschnitte in Projekten tätig war, können Sie im Vorfeld des Mitarbeitergesprächs Rückmeldungen des jeweiligen Projektleiters einholen. Entsprechendes gilt, wenn der Mitarbeiter wiederholt oder längerfristig in Tätigkeiten eingesetzt war, die nicht Ihrer direkten Beobachtung unterlagen. Sie und Ihr Mitarbeiter stellen jeder für sich die letztjährigen Tätigkeiten und Projekte zusammen und berücksichtigen dabei Faktoren, die die Arbeit des Mitarbeiters im Jahresverlauf gehemmt bzw. gefördert haben. Verschaffen Sie sich einen Überblick über die allgemeine Leistung und Zielerreichung des Mitarbeiters. Noch einmal zusammengefaßt:

*   Welche allgemeinen und besonderen Aufgaben oder Projekte hat der Mitarbeiter schwerpunktmäßig im letzten Jahr begonnen/betreut/bearbeitet/beendet,
*   welche besonderen Einflußfaktoren oder Situationen haben seine Arbeit im letzten Jahr hemmend oder fördernd beeinflußt?

Planen Sie genügend Zeit für das Gespräch ein. Halten Sie vor dem Gespräch die Beurteilung von Leistung und Zielerreichung auf dem dafür vorgesehenen elektronischen Formular fest; dieses ist dem Leitfaden als Muster beigefügt. Diese Beurteilung wird Ihrem Mitarbeiter dann im Mitarbeitergespräch erläutert. Das bedeutet, die Beurteilung als solche steht bereits im Vorfeld fest und Sie erklären dann dem Mitarbeiter Ihre Einschätzung – die Festsetzung der Beurteilung liegt ausschließlich in Ihrer Verantwortung, der Mitarbeiter nimmt auf die Beurteilung an sich keinen Einfluß! Das entsprechende Formular steht Ihnen in elektronischer Form permanent zur Verfügung oder kann in einer Papierversion zum Ende des jeweiligen Jahres über die zuständigen Personalbereiche bezogen werden.

---

1. Wird dieses Gespräch nicht bis zum Auszahlungszeitpunkt der variablen Jahreszahlung geführt, so wird dieser Teil der variablen Jahreszahlung auf der Basis des Vorjahreswertes – mind. 100% – mit dem Aprilgehalt ausbezahlt. Das Mitarbeitergespräch muß jedoch in jedem Fall nachgeholt werden. Ergeben sich durch die nachgeholte Beurteilung Abweichungen zur Auszahlung, erfolgt eine Korrektur mit der nächsten Gehaltszahlung.

2.2 Das Mitarbeitergespräch und seine Inhalte

In dem Mitarbeitergespräch eröffnen und erläutern Sie als Vorgesetzter Ihrem Mitarbeiter die Beurteilung der Leistung und den Grad der Erreichung der im Vorjahr vereinbarten individuellen Ziele. Besprechen Sie offen Abweichungen der Leistung des Mitarbeiters und ermitteln Sie gemeinsam mit Ihrem Mitarbeiter die Ursachen für das Erreichen oder Nichterreichen der Anforderungen. Eigene Fehler und Versäumnisse sollten Sie bei der Beurteilung von Leistung und Zielerreichung berücksichtigen. Nachdem Ihr Mitarbeiter seine Einschätzung über die erbrachte Leistung und Zielerreichung dargestellt hat, sollten Sie ihm Ihre Beurteilung verdeutlichen und dabei auch kritische Punkte ansprechen. Nehmen Sie die Rückmeldungen des Mitarbeiters auf und akzeptieren Sie diese als dessen Sichtweise; die Beurteilung als solche wird davon jedoch nicht beeinflußt. Überlegen Sie gemeinsam, wie hemmende Faktoren zukünftig reduziert oder vermieden und fördernde Faktoren besser genutzt werden oder zielgerecht eingesetzt werden können. Dabei sind ggf. Maßnahmen zur Förderung und Entwicklung des Mitarbeiters zu besprechen, siehe dazu auch Punkt 2.2.5. Diskutieren Sie in dem Gespräch darüber hinaus die für das kommende Jahr absehbaren wesentlichen Aufgaben und Arbeitsinhalte des Mitarbeiters.

Konkret setzt sich das Mitarbeitergespräch aus sechs Blöcken zusammen, die im folgenden näher erläutert werden:

2.2.1 Leistungsbeurteilung – Beurteilung der Erfüllung der allgemeinen Arbeitsanforderungen
2.2.2 Zielerreichung – Beurteilung der Erfüllung spezieller Arbeitsziele
2.2.3 Gesamtbewertung der Beurteilungen
2.2.4 Stellungnahme des Mitarbeiters
2.2.5 Ableitung von Maßnahmen
2.2.6 Protokoll des Gespräches

2.2.1 Leistungsbeurteilung – Erfüllung allgemeiner Arbeitsanforderungen

Beurteilt wird hier von Ihnen die Leistung, die der Mitarbeiter bzgl. der Anforderungen, die sich aus dem individuellen Arbeitsplatz, seiner „alltäglichen" Arbeit ergeben, im vergangenen Jahr gezeigt hat. Nachfolgend zwei kurze Beispiele zur Verdeutlichung:

Das Erreichen der allgemeinen Arbeitsanforderungen („Leistungsbeurteilung") wird anhand von fünf bzw. sechs gleichgewichtigen, unternehmensweit einheitlichen und damit arbeitsplatzunabhängigen Beurteilungskriterien ermittelt. Dabei gelten die ersten fünf für alle Mitarbeiter gleicher-

---

Beispiel Arbeitsvorbereiter DV I:

„Zu den stellenbezogenen allgemeinen Arbeitsanforderungen eines Arbeitsvorbereiters DV I gehört es u.a., alle für den Programmablauf erforderlichen Steueranweisungen und Prozeduren vorzugeben, Daten, Datenträger und weitere Betriebsmittel bereitzustellen, Abläufe in Standardtools laufend zu pflegen, Maßnahmen der Datensicherung zu veranlassen und durchzuführen."

Beispiel Systemanalytiker I:

„Zu den stellenbezogenen allgemeinen Arbeitsanforderungen eines Systemanalytikers I gehört es u.a., Prozeßketten zu analysieren, Programme/Programmsysteme zu erstellen, zu installieren bzw. auf optimalen Ablauf zu testen, Datenstrukturen, Speicherformen etc. zu spezifizieren, Programmdokumentationen zu erstellen."

---

maßen, während das letzte Kriterium nur bei Mitarbeitern mit Personalverantwortung herangezogen wird:

- Qualitatives Arbeitsergebnis
- Quantitatives Arbeitsergebnis
- Kundenorientierung
- Teamorientierung
- Einsatzbereitschaft
- ggf. Führungsverhalten

Im folgenden soll kurz verdeutlicht werden, was Sie bei der Beurteilung anhand der Kriterien mit berücksichtigen sollten. Insgesamt haben Sie bei der Definition der Kriterien durchaus einen gewissen Spielraum – und damit auch Verantwortung. Schließlich wissen Sie als direkter Vorgesetzter am ehesten, worauf es am Arbeitsplatz Ihres Mitarbeiters ankommt:

- Qualitatives Arbeitsergebnis z.B.:
  - Güte, Wirksamkeit,
  - Fehler-/Mängelfreiheit,
  - Termintreue;
- Quantitatives Arbeitsergebnis z.B.:
  - Menge pro Zeit,
  - Vollständigkeit, Wirtschaftlichkeit,
  - Kostenbewußtsein;
- Kundenorientierung z.B.:
  - Umgang mit internen und externen Ansprechpartnern,
  - Verläßlichkeit, Orientierung am Kundennutzen;
- Teamorientierung z.B.:
  - Kooperation, Kommunikation,

213

- Informationsweitergabe, Erfahrungsweitergabe,
- Partnerschaftliches Verhalten;
- Einsatzbereitschaft z.B.:
  - Initiative, Vielseitigkeit, Flexibilität, Übernahme von Zusatzaufgaben, Mitwirkung an Optimierungsprozessen;
- ggf. Führungsverhalten z.B.:
  - Mitarbeitereinsatz, Mitarbeiteranleitung, Mitarbeitermotivation,
  - Mitarbeiterförderung,
  - Mitarbeiterbeurteilung und Zielvereinbarung[1];

Die Beurteilung dieser Kriterien erfolgt anhand einer 7-stufigen Skala:

1 = Leistung entspricht nicht den Mindestanforderungen
2 =
3 =
4 = Leistung entspricht den Anforderungen
5 =
6 =
7 = Leistung übertrifft deutlich und ständig die Anforderungen

Die Anforderungen werden dabei vor allem durch die Aufgabe definiert; die Erfüllung dieser Anforderungen ist die Grundlage für die Beurteilung, der Abgleich mit den Leistungen anderer Mitarbeiter auf vergleichbaren Aufgaben kann bei der Beurteilung helfen. Zudem: Ein Wert von 4 auf der Beurteilungsskala entspricht der vollständigen Erfüllung der Anforderungen. (Die Formulierung „entspricht den Anforderungen" ist also im wörtlichen Sinne zu verstehen. Sie entspricht nicht den impliziten Bewertungen, wie man sie häufig in Zeugnissen vorfindet.) Die Stufen 2, 3, 5 und 6 sind nicht gesondert definiert; sie dienen der Feinabstufung. Sie stellen eine lineare Abstufung zwischen den definierten Stufen 1,4 und 7 dar. Zwischenwerte sind nicht möglich. Die Beurteilung wird auf dem (elektronischen) Formular festgehalten, welches als Muster dem Leitfaden beigelegt ist.

Die variable Vergütung – zusammengesetzt aus einem Teil abhängig vom Unternehmensergebnis und aus einem individuellen Teil, der auf der Leistungsbeurteilung und Beurteilung der Zielerreichung basiert – umfaßt eine Bandbreite von 0% bis 200%. Die Skalenwerte von 1 bis 7 aus der Leistungsbeurteilung (und der Beurteilung der Zielerreichung, s.u.) können

---

1. Beispiel: Sollte es notwendig sein, daß ein Vorgesetzter aufgrund einer sehr hohen Anzahl zu beurteilender Mitarbeiter den Beurteilungs- und Zielvereinbarungsprozeß an bestimmte Mitarbeiter (z.B. Teamleiter) delegiert, so müssen diese Mitarbeiter selbst Personalverantwortung haben. Somit muß bei diesen Mitarbeitern Führungsverhalten als Kriterium bewertet werden.

in Prozentwerte umgerechnet werden. Ein Beurteilungswert von 1,00 entspricht dabei 0%, ein Skalenwert von 4,00 100%, ein Wert von 7,00 200%. Die übrigen Skalenwerte können über eine Formel, die im Anhang beigelegt ist, in Prozentwerte umgerechnet werden. Für den Prozeß der Leistungsbeurteilung ist dies allerdings nicht direkt erforderlich, Grundlage hierfür sind die Skalenwerte von 1 bis 7.

Der Gesamteindruck über die Erfüllung der allgemeinen Arbeitsanforderungen („Leistungsbeurteilung") fließt zusammen mit dem Gesamteindruck über die Erfüllung der speziellen Arbeitsziele („Beurteilung der Zielerreichung", Punkt 2.2.2) in eine Gesamtbewertung (Punkt 2.2.3) ein.

2.2.2 Beurteilung der Zielerreichung – Erfüllung spezieller Arbeitsziele

Grundlage der Beurteilung der Zielerreichung sind die im Vorjahr zwischen Ihnen und dem Mitarbeiter vereinbarten individuellen Ziele. Die genaue Gestaltung von Zielen wird unter Punkt 3 beschrieben.

Die Beurteilung erfolgt pro Ziel ebenfalls anhand einer 7-stufigen Skala:

1 = Ziel nicht im Ansatz erfüllt
2 =
3 =
4 = Ziel wurde erfüllt
5 =
6 =
7 = Ziel wurde deutlich übererfüllt

Für den Beurteilungsmaßstab gilt auch hier das unter Punkt 2.2.1 Erläuterte. Wiederum werden die Anforderungen vor allem durch das Ziel definiert; die Erfüllung dieser Anforderungen ist die Grundlage für die Beurteilung, der Abgleich mit den Leistungen anderer Mitarbeiter auf vergleichbaren Zielen kann bei der Beurteilung helfen. Zudem: Ein Wert von 4 auf der Beurteilungsskala entspricht der vollständigen Erfüllung der Anforderungen. Das bedeutet im übertragenen Sinne, daß in diesem Moment die „Ziellinie" überschritten ist und sämtliche Erwartungen, die bei der Festsetzung der Zielmessung definiert worden sind, erfüllt wurden. Entsprechend höhere Bewertungen ergeben sich u.a. aus Ergebnissen, die neben der „reinen" Zielerfüllung weitere, vorher nicht definierte Aspekte erfüllen: Sollte beispielsweise ein vereinbartes Ziel „Laufzeit des Programmsystems 123 ist um 15% reduziert" erfüllt sein (Skalenwert 4), sollte eine weitergehende Prozeßoptimierung – z.B. eine um weitere 5% verkürzte Laufzeit und/oder eine reduzierte Störanfälligkeit – eine bessere Beurteilung ergeben. Die Stufen 2, 3, 5 und 6 sind wie bei der Leistungsbeurteilung nicht gesondert definiert; sie dienen der Feinabstufung und stellen eine lineare Abstufung zwischen den definierten Stufen 1,4 und 7 dar. Zwischenwerte sind auch hier nicht möglich. Die Beurteilung wird auch hier auf dem (elektronischen) Formular festgehalten, welches als Muster dem Leitfaden beigelegt ist.

2.2.3 Gesamtbewertung der Beurteilungen

Wie bereits erläutert, nehmen Sie die Beurteilung schriftlich anhand des Beurteilungsformulars vor dem Mitarbeitergespräch vor, Ihre schriftliche Beurteilung wird dem Mitarbeiter dann im Mitarbeitergespräch mündlich erläutert.

Zwischen Ihnen und dem Mitarbeiter ist bei der letztjährigen Zielvereinbarung die prozentuale Gewichtung zwischen den Blöcken „Leistungsbeurteilung" und „Beurteilung der Zielerreichung" festgelegt worden: Der Block „Beurteilung der Zielerreichung" kann dabei max. 50% betragen und sollte in dieser Gewichtung nach Möglichkeit auch nicht unterschritten werden – keinesfalls sollte der Anteil der Zielerreichung weniger als 20% betragen. Für besondere Mitarbeitergruppen (z.B. für Mitarbeiter mit Vertriebsaufgaben und Mitarbeiter mit Führungsaufgaben) sind Abweichungen – Beurteilung der Ziele größer 50% – denkbar und mit dem zuständigen Betriebsratsgremium zu vereinbaren.

Der Gesamtbeurteilungswert ergibt sich rechnerisch aus der Summe der Einzelbewertungen unter Berücksichtigung einer eventuell zusätzlich vereinbarten Gewichtung. Die Umrechnung des Gesamtbeurteilungswertes in den Vergütungswert erfolgt nach den Regelungen der Konzernbetriebsvereinbarung zur Ausführung der Vergütungsbestimmungen des Ergänzungstarifvertrages und wird durch das elektronische Formular selbständig vorgenommen.

2.2.4 Stellungnahme des Mitarbeiters

Meinungsverschiedenheiten über Inhalt oder Ergebnis der Beurteilung stellen einen Ausnahmefall dar. Sie als Vorgesetzter setzen die Beurteilung fest und erläutern diese dem Mitarbeiter ausführlich, so daß diesem der Hintergrund der Beurteilung deutlich wird. Sollten dennoch unterschiedliche Meinungen über die Beurteilung bestehen, hat der Mitarbeiter die Möglichkeit, eine Stellungnahme zu der ihm schriftlich überlassenen Beurteilung abzugeben.

Die folgende Darstellung verdeutlicht den weiteren Prozeß:

Bei Meinungsverschiedenheiten

Versuchen Sie in erster Linie in weiteren Gesprächen mit Ihrem Mitarbeiter die Meinungsverschiedenheiten auszuräumen.

Falls keine Einigung erzielt wird ...

Falls Ihr Mitarbeiter kein Vermittlungsgespräch mit dem nächsthöheren Vorgesetzten führen möchte ...

... hat Ihr Mitarbeiter Anspruch auf ein Vermittlungsgespräch mit dem nächsthöheren Vorgesetzten.

Falls keine Einigung erzielt wird ...

... befassen sich Personalbereich und Betriebsrat mit dem Beurteilungsergebnis. Deren Auffassung wird Ihnen und Ihrem Mitarbeiter schriftlich mitgeteilt.

Bei unterschiedlichen Auffassungen ...

Bei sich entsprechenden Auffassungen ...

... werden beide Stellungnahmen übermittelt. Bitte überdenken Sie Ihre Beurteilung nochmals mit dem nächsthöheren Vorgesetzten.

... überarbeiten Sie bitte Ihre Beurteilung unter Berücksichtigung der gegebenen Hinweise von Personalbereich und Betriebsrat.

Eröffnen Sie Ihrem Mitarbeiter erneut Ihre Beurteilung.

2.2.5 Ableitung von Maßnahmen

Bei der Ableitung von Maßnahmen kann es sich z.B. um die Veränderung des Aufgabenbereiches oder ggf. um die Teilnahme an bestimmten Qualifizierungsmaßnahmen (Workshops, Seminare etc.) handeln, die zur (weiteren) Verbesserung der Zielerreichung bzw. Leistung beitragen können. Sie und Ihr Mitarbeiter können so z.B. die Erweiterung des Aufgabengebietes als Maßnahme vereinbaren. Hierbei kann es sich um Aufgaben mit ähnlichen Anforderungen oder um Aufgaben mit höheren Anforderungen handeln. Ein weiteres Beispiel für eine Maßnahme für einen Mitarbeiter im Sekretariat wäre die Teilnahme an einem Graphikseminar (z.B. Powerpoint) zur Verbesserung der Erstellung von Präsentationsgraphiken. Anregungen für die Ableitung von Maßnahmen sollten einerseits von Ihnen

217

kommen. Dadurch werden die Leistungspotentiale Ihres Mitarbeiters besser genutzt und er wird gleichzeitig gefördert und motiviert. Vorschläge für Maßnahmen sollten andererseits auch vom Mitarbeiter selbst kommen. Er kann aufgrund des direkten Einblicks in Arbeitszusammenhänge Veränderungs- und Verbesserungsmöglichkeiten aufzeigen, um ggf. auch seine (verdeckten) Leistungspotentiale besser zur Geltung zu bringen. Vereinbaren Sie die Maßnahmen mit dem Mitarbeiter so konkret wie möglich und sorgen Sie für deren Umsetzung. Das Festhalten der Maßnahmen geschieht auf dem beschriebenen Formular. Insgesamt sollen sich durch die geführte Diskussion die absehbaren wesentlichen Aufgaben und Arbeitsinhalte des Mitarbeiters im kommenden Jahr abzeichnen. (Sollten als Maßnahmen ggf. konkrete Qualifizierungsmaßnahmen angedacht werden, entnehmen Sie Weiteres bitte dem entsprechenden Leitfaden.)

2.2.6 Protokoll des Beurteilungsgespräches

Halten Sie stichwortartig die im Gesprächsverlauf genannten Argumente, Hinweise und sonstigen Aspekte fest. Damit können Sie, wie auch der Mitarbeiter, die geführte Diskussion auch noch im nächsten Jahr nachvollziehen. Als Vorlage für das Protokoll dient Ihnen ebenfalls das elektronische Formular, das dem Leitfaden als Muster beigefügt ist.

Abschließend erhält der Mitarbeiter eine ausgedruckte und unterschriebene Kopie des Formulars der Beurteilung von Leistung und Zielerreichung.

3 Zielvereinbarung für das kommende Jahr

Die Zielvereinbarung sollte spätestens am Jahresanfang für das laufende Jahr (bis zum 31.3.) zwischen Ihnen und Ihrem Mitarbeiter vereinbart werden. Dabei bleibt es Ihnen überlassen, ob Sie das Zielvereinbarungsgespräch zum Bestandteil des Mitarbeitergespräches machen möchten: Direkt im Anschluß an das Mitarbeitergespräch, in dem Sie dem Mitarbeiter Ihre Beurteilung eröffnet haben, können Sie die Zielvereinbarung für das nun kommende Jahr vornehmen. Somit wird die Zielvereinbarung Teil in einem ganzheitlichen Prozeß – von der Beurteilung der Leistung und letztjähriger Zielerreichung zur Ableitung neuer Ziele für das kommende Jahr. Ebenso steht es Ihnen frei, einen eigenen, vom Mitarbeitergespräch unabhängigen Termin für das Zielvereinbarungsgespräch festzulegen.

3.1 Wozu dient eine Zielvereinbarung?

Wie eingangs beschrieben, erfolgt die Zielvereinbarung auf der Grundlage der im Mitarbeitergespräch geführten Diskussionen über die absehbaren wesentlichen Aufgaben und Arbeitsinhalte Ihres Mitarbeiters. Durch die Zielvereinbarung werden bestimmte angestrebte persönliche Entwicklungen (z.B. fachliche Qualifikation, soziale Kompetenz etc.) und/oder Arbeitsschwerpunkte (z.B. spezielle Leistungsergebnisse, Verbesserungen im Geschäftsprozeß/der Ablauforganisation etc.) im Rahmen der durch den Mitarbeiter ausgeübten Tätigkeit für das nächste Jahr hervorgehoben (Lupenfunktion). Das bedeutet, daß bestimmte Tätigkeiten aus den Arbeitsinhalten des Mitarbeiters besonders betrachtet werden sollen, bzgl. dieser Tätigkeiten konkrete Arbeitsergebnisse vereinbart werden sollen.

Eine Zielvereinbarung zwischen Ihnen und Ihrem Mitarbeiter kommt nur einvernehmlich zustande, d.h. nur dann, wenn sie von Ihnen und vom Mitarbeiter unterzeichnet wird. Leiten Sie dabei die individuellen Ziele aus Unternehmens- und Bereichszielen in der Art kaskadenartig ab, daß der Mitarbeiter „Ja" zum Ziel sagen kann. Dazu ist es notwendig, daß unten beschriebene Voraussetzungen für den Mitarbeiter geschaffen werden, aber auch, daß sich die Ziele des Mitarbeiters untereinander und zu den Zielen anderer Mitarbeiter nicht widersprechen.

3.2 Woraus werden konkrete Ziele abgeleitet?

Sie und Ihr Mitarbeiter gelangen von den Unternehmenszielen über die Bereichs-/Abteilungsziele zu individuellen Arbeitszielen. Diese Vorgehensweise erfordert eine durchgängige Kommunikation der „großen" Ziele über alle Ebenen. Im Rahmen der wertorientierten Unternehmensführung bedeutet dies, individuelle Ziele aus den in den Geschäftsbereichen definierten Werttreibern – den operativen Stellhebeln des Unternehmenswertes – abzuleiten. Gleichzeitig sind aber auch Ihre Mitarbeiter aufgefordert, aus den wahrgenommenen Aufgaben heraus eigene Ideen und Ansätze einzubringen, die für diese wichtig sind und mit denen sie sich identifizieren können. Weitere Ansätze ergeben sich aus den Erwartungen und Anforderungen von Kunden und Nachbarbereichen. Die Zielvereinbarung sollte zudem folgende Punkte in die Betrachtung mit einbeziehen:

- den jeweiligen Arbeitsplatz des Mitarbeiters und Rahmenbedingungen (welche Mittel, Investitionen, Arbeitswerkzeuge, Techniken, etc. sind erforderlich? Welche Personen sind beteiligt/betroffen? Welche Orte bzw. Räume werden benötigt?...)
- einen festgelegten Zeitraum (über welchen Zeitraum erstreckt sich die Aufgabe? Gibt es erreichbare Zwischenschritte, Teilziele?)

3.3 Wie sollten Ziele gestaltet sein?

Eine Zielvereinbarung erfolgt also im Rahmen einer einvernehmlichen Festlegung von persönlichen Leistungs-, Entwicklungs- und Organisationszielen zwischen Ihnen und Ihrem Mitarbeiter. Dabei müssen die Ziele

- realistisch,
- vom Mitarbeiter direkt beeinflußbar,
- in ihrer Erreichung direkt bewertbar sein.
- Die für die Zielerreichung notwendigen Kompetenzen müssen dem Mitarbeiter übertragen worden sein.

Soweit sinnvoll, können Sie mit Gruppen von Mitarbeitern auch Gruppenziele vereinbaren. Dies setzt voraus, daß

- alle Gruppenmitglieder für die Erreichung eines gemeinsamen Zieles verantwortlich sind,
- alle Gruppenmitglieder die Erreichung des Zieles beeinflussen können,
- das gesetzte Ziel effizienter oder sinnvoller durch eine Gruppe erreicht werden kann und
- alle Gruppenmitglieder mit dem gesetzten Ziel einverstanden sind.

Achten Sie bei der Definition der Ziele darauf, keine reine Beschreibung von Tätigkeiten sondern Ergebnisse, gewünschte „finale" Zielzustände zu formulieren. Ein kurzes Beispiel: Stellen Sie sich vor, Sie hätten großen Appetit. Was ist nun Ihr Ziel? Die meisten von uns beantworten diese Frage spontan mit „Essen!". Essen ist allerdings nur der Weg, der zum eigentlichen Ziel, nämlich der Sättigung, führt. Die Ziele können zum einen quantitative Ziele sein, deren Ergebnis sich in Zahlen ausdrücken läßt. Daneben können aber auch qualitative Ziele vereinbart werden. Auch hier ist darauf zu achten, ein Ergebnis, einen „finalen" Zustand zu beschreiben, mit dem die Zielerreichung gemessen werden kann. Folgend einige Beispiele für mögliche Ziele:

Beispiele Arbeitsvorbereiter DV I:
- Ziel: Dokumentation von Steueranweisungen zum Sachgebiet XY und der Prozeduren ABC ist bis zum 30.6.1999 fertiggestellt.
- Ziel: Im Rahmen des EFG-Projektes „Kundenorientierung" ist die Kundenzufriedenheit um 10% verbessert. Weg zum Ziel: Aktives Zugehen auf die Ansprechpartner beim Kunden OPO, um damit Service und Zusammenarbeit zu verbessern. Die Aktivitäten sind mit dem Kunden abzusprechen. Maß der Zielerreichung ist der Kundenzufriedenheitsindex, erhoben durch die alljährliche Umfrage im Oktober.

Beispiele Systemanalytiker I:

- Lupenfunktion – ein Beispiel zur Ableitung von Zielen aus alltäglichen Arbeitsanforderungen: Ein Ziel des Systemanalytikers I könnte lauten: „Laufzeit des Programmsystems 123 ist um 15% reduziert. Weg zum Ziel: Überprüfung der Systemprozesse mit internen und ggf. auch externen Systemexperten." Dieses Ziel ist – „mit der Lupe betrachtet" – eine Spezifikation, ein konkret vereinbartes Arbeitsziel auf der stellenbezogenen allgemeinen Arbeitsanforderung „Programme/Programmsysteme... auf optimalen Ablauf zu testen" (s.o.).
- Ziel: Erfahrungsbericht über den Einsatz der Programmiersprache C++ im Projekt RST ist fertiggestellt; Referat über die Thematik in der internen Zusatzausbildung der Geschäftsstelle ist gehalten worden.
- Ziel: Kaufempfehlung ist erstellt. Weg zum Ziel: Definieren der Anforderungen an ein CASE-Tool für den Einsatz im internen Netzwerk mit max. 10 User; Vergleich der technisch geeigneten Produkte.

In der Regel sollen drei bis max. fünf Ziele vereinbart werden. Diese sind zueinander gleichwertig, soweit Sie nicht mit Ihrem Mitarbeiter im Zielvereinbarungsgespräch Abweichendes vereinbaren. Eine Gewichtung sollten Sie vor allem dann vornehmen, wenn beispielsweise ein individuelles Arbeitsziel die Kapazität Ihres Mitarbeiters nahezu vollständig in Anspruch nimmt. Anzahl sowie prozentuale Gewichtung der individuellen Ziele sollen also das Maß der Arbeitsbelastungen, die dem Mitarbeiter durch die jeweiligen spezifischen Arbeitsziele entstehen, proportional widerspiegeln.

Diskutieren Sie auch über erforderliche Voraussetzungen und Rahmenbedingungen der Zielerreichung. Sie sind dafür verantwortlich, daß die zur Zielerreichung nötigen Voraussetzungen geschaffen werden – dies können Entscheidungskompetenzen, Informationen oder aber auch bestimmte (neue) Fähigkeiten oder Kenntnisse sein. Diese sollten dann auf dem entsprechenden Formular festgehalten werden.

Bei wesentlichen Veränderungen der vereinbarten Ziele und/oder der zugrunde gelegten Rahmenbedingungen erfolgt eine einvernehmliche Anpassung der Zielvereinbarung oder eine entsprechende Berücksichtigung bei der Bewertung der Zielerreichung. Falls nötig, findet eine Anpassung der Zielvereinbarung in einem dazu von Ihnen eingeforderten Gespräch statt. Die Änderungen werden von Ihnen auf dem elektronischen Formular festgehalten und als neue Zielvereinbarung unterschrieben. Der Mitarbeiter erhält dann von Ihnen eine Kopie. Sie können bereits von vornherein eine solche Überprüfung im Gesamtprozeß festsetzen, z.B. im Zeitraum von Juli bis August des entsprechenden Jahres.

Im praktisch kaum denkbaren Ausnahmefall, daß aufgrund der Aufgabenstellung eine Zielvereinbarung nicht sinnvoll erscheint, können Sie und Ihr Mitarbeiter im Sinne der Konzernbetriebsvereinbarung zur Beurteilung von Leistung und Zielerreichung einvernehmlich hiervon absehen. In diesem Falle beschränkt sich die Beurteilung auf die Leistungsbeurteilung und der von der individuellen Leistung abhängige Teil der Jahreszahlung richtet sich allein nach der Leistungsbeurteilung. Dem Mitarbeiter dürfen daraus keine Nachteile entstehen.

Wichtige Punkte im Prozeß der Zielvereinbarung nochmals zusammengefaßt:

- Leiten Sie die Ziele aus den Unternehmens- und Bereichs- bzw. Abteilungszielen sowie aus Ihren eigenen Vorstellungen und Schwerpunktaufgaben ab. Orientieren Sie sich dabei an den definierten Werttreibern.
- Lassen Sie Spielraum, um eigene Ideen und Erwartungen Ihrer Mitarbeiter einbinden zu können.
- Fixieren Sie Ziele inhaltlich und zeitlich so exakt wie möglich.
- Stellen Sie sicher, daß die Ziele realistisch erreichbar sind, d.h. nicht zu schwer, aber doch herausfordernd.
- Achten Sie darauf, daß Ihre Mitarbeiter als Verantwortliche für die Zielerreichung die hierfür notwendigen Informationen sowie Handlungs- und Entscheidungskompetenzen haben.
- Vereinbaren Sie gemeinsam Kriterien, anhand derer die Ziele bewertbar und ggf. meßbar sind. Auch eher qualitative Ziele bedürfen einer ausreichenden Bestimmtheit/Überprüfbarkeit, um im Grad der Zielerreichung bewertet werden zu können.

4 Was geschieht mit der Gesamtbeurteilung und der Zielvereinbarung?

Leiten Sie bitte einen unterschriebenen Ausdruck des elektronischen Formulars bzw. eine entsprechende Papierversion an den zuständigen Personalbereich weiter. Eine weitere Kopie verbleibt jeweils bei Ihnen – als elektronische Datei – und bei Ihrem Mitarbeiter als Ausdruck. Im Personalbereich werden die Formulare in der Personalakte des Mitarbeiters abgelegt. Sie sollten die Beurteilung der Leistung und Zielerreichung bzw. die Zielvereinbarung jedoch nicht als eine Maßnahme verstehen, zu der Sie sich mit Ihrem Mitarbeiter einmal im Jahr zusammensetzen. Es ist vielmehr ein Prozeß, der das ganze Jahr über andauert. Das bedeutet beispielsweise, daß die Ziele angepaßt werden müssen, wenn sich Rahmenbedingungen verändern oder neue Situationen eintreten bzw. die Bewertung der Zielerreichung der veränderten Situation Rechnung tragen muß. Zum Ende eines Jahres beginnt der Prozeß wieder von vorne: Erstellen Sie die Beurteilung für Ihren Mitarbeiter und laden Sie diesen zum Mitarbeitergespräch ein, welches Sie, wie beschrieben, bis zum 31.1. des Folgejahres führen sollten.

Ihr zuständiger Personalbereich ist neben der Verwahrung und Bereitstellung sämtlicher Formulare (zur Beurteilung von Leistung und Zielerreichung, zur Zielvereinbarung) auch für die letztendliche Errechnung der variablen Jahreszahlung auf Grundlage der Ergebnisse der Beurteilung von Leistung und Zielerreichung in Zusammenarbeit mit der Gehaltsabrechnung verantwortlich. Ihr Personalbereich initiiert den Prozeß zur Beurteilung von Leistung und Zielerreichung sowie zur Zielvereinbarung, er unterstützt und berät Sie.

5 Beurteilung und Fehlerquellen

Urteile von Menschen über Menschen sind immer subjektiv gefärbt. Wir wollen Ihnen deshalb die Fehlerquellen für eine Beurteilung, die in der Subjektivität des Beurteilers begründet sind, aufzeigen. Erst wenn man diese Fehlerquellen kennt, kann man Fehler vermeiden und sachlich gerechtfertigte Aussagen zur Leistung von Mitarbeitern abgeben. Mindestvoraussetzung dazu ist in jedem Fall, daß Sie sich als Beurteiler eingehend und konzentriert mit den Leistungen Ihrer Mitarbeiter befaßten. Dies ist nur möglich, wenn Sie sich nicht in einer Streßsituation befinden. Fertigen Sie Beurteilungen daher nicht gerade dann an, wenn Sie sich unmittelbar vorher geärgert haben oder wenn Sie unter erheblichem Zeitdruck stehen. Nachfolgend einige Wahrnehmungsverzerrungen und Maßstabsfehler (nach Zwierlein, 1997), die Sie vermeiden sollten:

Wahrnehmungsverzerrungen

- Achtung: Überstrahlungen/Halo-Effekt: Von einer einzelnen (aktuellen) guten oder schlechten Leistung oder Verhaltensweise, von einem ersten, besonders ins Auge fallenden und unkontrollierten Eindruck auf das Gesamtbild des Mitarbeiters schließen.
- Deshalb: Ein (ausreichendes, zuverlässiges) Gesamtbild statt eines (spontanen, situativen, willkürlichen) Details!
- Achtung: Nikolaus-Effekt/Recency-Effekt: Beurteilung, die unter dem Eindruck eines erst kürzlich stattgefundenen Eindrucks steht.

- Deshalb: Zuverlässige und ausreichende Beobachtungen statt Schmalspurbeobachtung!
- Achtung: Erster Eindruck/Primacy-Effekt: Der erste (positive oder negative) Eindruck verfälscht das gesamte spätere Bild.
- Deshalb: Kontinuierliche und vielfältige Beurteilung statt erster Eindruck!
- Achtung: Kleber-Effekt: Längere Zeit nicht beförderte Mitarbeiter werden unbewußt unterschätzt und entsprechend schlecht eingeschätzt.
- Deshalb: Immer wieder einen neuen und aufmerksamen Blick statt eingerosteter Meinungen!
- Achtung: Statusfehler/Hierachieeffekt: Mitarbeiter auf höheren Ebenen oder mit Titeln, akademischen Graden und Auszeichnungen werden tendenziell besser (oder schlechter: Minderwertigkeitsgefühl) behandelt.
- Deshalb: Sachlich statt statusorientiert!
- Achtung: Lorbeer-Effekt: Der Beurteiler ist fixiert auf in der Vergangenheit erreichte Lorbeeren, ohne daß er einen unmittelbaren Bezug zur aktuellen Situation herstellt.
- Deshalb: Die ganze Geschichte, keine Ausschnitte!
- Achtung: Kontrastfehler: Wenn man z.B. selbst eher vorsichtig ist, wird man dazu neigen, andere Menschen als eher unvorsichtig oder leichtsinnig zu bezeichnen.
- Deshalb: Die eigene Persönlichkeit ist kein Maßstab für eine andere!
- Achtung: Weitere Vorurteile: Z.B. das kritiklose Übernehmen der Aussagen Dritter oder das Beurteilen aufgrund von Äußerlichkeiten oder das Bilden von Projektionsfehlern (indem man eigene Gefühle oder Empfindungen in andere hineinliest).
- Deshalb: Urteile statt Vorurteile!

Maßstabsprobleme

Hinweis: Es wird davon ausgegangen, daß sich die Leistungsbeurteilung/Beurteilung der Zielerreichung auf den Durchschnitts-Skalenwert 4 einpendeln wird. Um dies sicherzustellen, werden die Vorgesetzten anläßlich der Leistungsbeurteilungsaktionen darauf hingewiesen, daß sich in der Summe aller Mitarbeiter – falls keine Sondereinflüsse vorliegen – eine Gauß'sche Normalverteilung ergeben soll. Bei der Überprüfung können abteilungs- bzw. bereichsübergreifende Integrationsrunden auf Initiative der debis-Führungskräfte helfen.

- Achtung: Trend zur Mitte/Fehler der zentralen Tendenz: Scheu, Extremwerte (im positiven oder negativen Bereich) zu vergeben. Der Trend zur Mitte wertet tatsächlich gute Leistungen ab und schlechte auf. Die mittlere Aussage ist meist die Informationsärmste.
- Deshalb: Mut, festgestellte und begründbare Urteile auszusprechen, statt Trend zur Mitte.
- Achtung: Tendenz zur Milde (nachsichtig) oder zur Strenge (scharf).

- Deshalb: Objektiv und fair, statt mild oder streng!
- Achtung: Persönlicher Maßstab: Wo man selbst exzellent oder Spezialist ist, erwartet man dies auch vom Mitarbeiter.
- Deshalb: Position und Unternehmen setzen die Maßstäbe, nicht das eigene Ich!
- Achtung: Sympathie/Antipathie: Wirken unbewußt und lassen sich nie völlig ausschließen. Die Verfälschungsgefahr kann allerdings durch bewußte Kontrolle reduziert werden.
- Deshalb: Nüchternheit statt Vorlieben oder Abneigungen!

6 Weitere Hinweise

Es folgen nun einige Hinweise, die Ihnen Besonderheiten im Zielvereinbarungs- und Beurteilungsprozeß verdeutlichen und auf noch verbliebene Fragen Antworten geben sollen.

6.1 Was passiert in dem Fall, daß die Leistung des Mitarbeiters abzufallen droht?

Ist für Sie innerhalb einer Beurteilungsperiode erkennbar, daß die Leistung unter den bisherigen Wert abzufallen droht oder daß ein Mitarbeiter die vereinbarten Ziele möglicherweise nicht erreicht, soll hierüber ein Gespräch geführt werden (bzgl. der allgemeinen Leistung bis spätestens 30.9. des Jahres). Laden Sie den Mitarbeiter zu dem Gespräch rechtzeitig unter Nennung des Themas ein, Vorbereitung und Ablauf sind dem Mitarbeitergespräch äquivalent zu gestalten. Falls ein solches Gespräch nicht geführt wird, ist für den von der individuellen Leistung abhängigen Teil der variablen Jahreszahlung das bisherige (vorjährige) Punktergebnis heranzuziehen; das auszuweisende neue Punktergebnis soll jedoch der tatsächlichen Leistung und Zielerreichung entsprechen. Dieses muß dann im Formular zur Beurteilung und Zielvereinbarung unter Punkt II „Stichwortartige Aufzeichnungen zum Mitarbeitergespräch" festgehalten werden. Falls sich eine voraussichtlich schlechtere Beurteilung Ihres Mitarbeiters nicht aufgrund seiner Leistung, sondern aufgrund einer veränderten Aufgabenstellung (z.B. Versetzung in ein völlig neues Aufgabengebiet) ergeben wird, gelten obige Regelungen nicht.

6.2 Wie wird die variable Vergütung im Ein- und Austrittsjahr berechnet?

Mitarbeiter, die vor dem Auszahlungstermin oder während des Kalenderjahres für das die Jahreszahlung gewährt wird, aus dem Unternehmen ausscheiden, erhalten die Jahreszahlung ebenfalls zum festgesetzten

Termin; bei unterjährigem Ausscheiden erfolgt eine anteilige Zahlung. Dabei wird der Skalenwert (1–7) der letzten Leistungsbeurteilung sowie der Skalenwert der letzten Beurteilung der Zielerreichung herangezogen. Bezogen auf das Unternehmensergebnis wird bis zum Stichtag 30.6. eines Jahres ein Zielwert von 100% angesetzt; bei späterem Ausscheiden erfolgt die Bewertung nach dem jeweils aktuell vorliegenden Forecast. Bei Mitarbeitern, die unterjährig in das Unternehmen eintreten, wird für die Leistungsbeurteilung und die Beurteilung der Zielerreichung jeweils ein Wert von 100% angesetzt. Die Verteilung des Ergebnisziels erfolgt unter anteiliger Berücksichtigung der Beschäftigungsdauer (n/12) während der Bewertungsperiode. Bei ruhenden Arbeitsverhältnissen ist analog zu verfahren.

6.3 Ausnahmeregelungen

Besondere Personengruppen (nicht freigestellte Betriebsratsmitglieder; Mitarbeiter mit langandauernden Krankheitszeiten) können in Abstimmung mit dem örtlichen Betriebsrat von dem Beurteilungsverfahren ausgenommen werden. Schwerbehinderte Mitarbeiter und Gleichgestellte nach §§ 1, 2 SchwbG können bei Ihnen beantragen, daß für sie kein Beurteilungsverfahren durchgeführt wird. Bei freigestellten Betriebsratsmitgliedern wird generell weder eine Leistungsbeurteilung durchgeführt noch eine Zielvereinbarung abgeschlossen. Für die Gehaltsfindung wird in diesen Fällen das letzte Ergebnis der Leistungsbeurteilung herangezogen.

6.4 Einsicht des Betriebsrates in die Beurteilungen

Zur Wahrnehmung der betriebsverfassungsrechtlichen Rechte erhält der Betriebsrat ein Einsichtsrecht in die erstellten Leistungsbeurteilungen bzw. in die Beurteilung der Zielerreichung. Solche Einsichtnahmen können sich im Regelfall auf Stichproben beschränken. Die Zusammenstellung der Gesamtbeurteilungen wird dem Betriebsrat als Übersicht ohne individuellen Bezug zur Verfügung gestellt.

Literatur

Ausschuß betriebliche Personalpolitik der Bundesvereinigung der deutschen Arbeitgeberverbände (Hg.): Mitarbeiterbeurteilung. Mitarbeitergespräch, Bergisch-Gladbach 1986.

Baarfuss, R.: Die Mitarbeiterbeurteilung. Von der willkürlichen Einschätzung zu mitarbeiterspezifischen Beurteilungsmaßstäben, Management Zentrum St. Gallen 1997.

Becker, Fred G.: Grundlagen betrieblicher Leistungsbeurteilung, Leistungsverständnis und -prinzip, Beurteilungsproblematik und Verfahrensprobleme, Stuttgart 1998.

Bundesvereinigung der Deutschen Arbeitgeberverbände, Ausschuß Betriebliche Personalpolitik (Hg.): Mitarbeiterbeurteilung. Mitarbeitergespräch. In: Arbeitsberichte 23, Bergisch-Gladbach 1986, S. 1-11.

Bundesvereinigung der Deutschen Arbeitgeberverbände (Hg.): Führen von Mitarbeitern. Arbeitsberichte des Ausschusses Betriebliche Personalpolitik Nr. 30, Bergisch-Gladbach 1987.

Dirks, Heinz: Mitarbeiterbeurteilung. In: Gungler, Eduard (Hg.): Handwörterbuch des Personalwesens, Stuttgart 1975, S. 1347-1355.

Ebner, Prof. Dr. Hermann G., Krell, Prof. Dr. Gertraude: Vorgesetztenbeurteilung. In: Handbuch Personalentwicklung und Training, Verlag Deutscher Wirtschaftsdienst, Köln 1997.

Gaugler, Eduard: Merkmale von Leistungs- und Vergütungsverfahren für die Zukunft. In: Personal, Mensch und Arbeit, Jahrgang 42, Heft 3, München 1990, S. 96-98.

Grassl, Gerhard: Personalbeurteilung. Die Anerkennung ist wichtiger als perfekte Systeme. In: Zeitschrift Personal, Heft 12/1996, S. 652-657.

Knebel, Heinz: Wie Teamfähigkeit und Teamleistung beurteilen? In: Arbeit und Arbeitsrecht, Heft 3, 1996, S. 79-81.

Lepsinger, R. und A. Lucia: The Art and Science of 360° Feedback, 1997.

Obermann, Christof: Mitarbeiterbeurteilung. Verbesserung der Objektivität und persönlichen Urteilsfähigkeit. In: Handbuch PET, 16. Erg.-Lfg., Oktober 1993, S. 1-17.

Oechsler, W.: Personal & Arbeit. Einführung in die Personalwirtschaft, München 1997.

Opgenoorth, Dr. Werner: Informationsbedarf in der Personalführung. Die Mitarbeiterbefragung als Instrument in unterschiedlichen Problemfeldern. In: Töpfer, A./Zander, E. (Hg.): Mitarbeiterbefragungen. Ein Handbuch. Frankfurt/New York 1985, S. 169-231.

Wunderer, Rolf: Leistungsbeurteilung. EDV ersetzt den Nasenfaktor. In: Personalwirtschaft, Heft 3, 1996, S. 48-54.

Zander, Ernst, Knebel, Heinz: Taschenbuch für Leistungsbeurteilung und Leistungszulagen, Heidelberg 1982.

Nützliche Adressen

Namen und Anschriften von Institutionen, die mit weiterführendem Material zum Thema dienlich sein können

Bundesverband Deutscher Unternehmensberater, Friedrich-Wilhelm Str. 2, 53113 Bonn

CNT, Gesellschaft für Personal- und Organisationsentwicklung, Kleine Johannisstr. 20, 20457 Hamburg

Deutsche Gesellschaft für Personalführung e.V., DGFP, Niederkasseler Lohweg 16, 40547 Düsseldorf

Deutscher Wirtschaftsdienst, Marienburger Str. 22, 50968 Köln

Gesellschaft für Verhaltensanalysen und Evaluation, GEVA, Elisabethstr. 25, 80796 München

Hay Management Consultants GmbH, Lyoner Stern, Hahnstr. 70, 60528 Frankfurt/Main

Institut für Mittelstandsforschung, Maximilianstr. 20, 53111 Bonn

Management Zentrum St. Gallen, Rittmeyerstr. 13, CH-9014 St. Gallen

Personenregister

Ahrens, Dr., Wilhelm: Mitglied der Geschäftsführung im Stifterverband für die Deutsche Wissenschaft, Essen

Baarfuss, Ruedy: Managing Partner, Management Zentrum St. Gallen

Bensel, Dr. Norbert: Vorstand Personal bei DaimlerChrysler Services (debis) AG, Berlin

Böhm, Dr. Hans: Geschäftsführer der Deutschen Gesellschaft für Personalführung, DGFP, Düsseldorf

Ebner, Prof. Dr. Hermann G.: Professor am Lehrstuhl Erziehungswissenschaft I, insb. Wirtschaftspädagogik, an der Universität Mannheim

Grohmann, Wolf-Rüdiger: Manager bei BP Oil Deutschland GmbH, Hamburg

Grünheidt, Benno: Projektleiter Personalentwicklung bei der Hanse-Merkur Versicherungsgruppe, Hamburg

Kleine, Dr. Thomas: Partner in der Unternehmensberatung Baumgartner und Partner, Hamburg

Krell, Prof. Dr. Gertraude: Professorin am Institut für Management der Freien Universität Berlin

Nagler, Christoph: Geschäftsführer CNT, Gesellschaft für Personal- und Organisationsentwicklung, Hamburg

Obermann, Christof: Diplom-Psychologe, Gummersbach

Opgenoorth, Dr. Werner: Vorstand Personal bei der Beiersdorf AG, Hamburg

·

Stichwortverzeichnis